大家小书

笔祸史谈丛

黄裳 著

北京出版集团公司
北京出版社

图书在版编目（CIP）数据

笔祸史谈丛 / 黄裳著．— 北京 ：北京出版社，2016．7

（大家小书）

ISBN 978-7-200-12179-7

Ⅰ．①笔… Ⅱ．①黄… Ⅲ．①文字狱—中国—明清时代—文集 Ⅳ．①K248．07-53

中国版本图书馆CIP数据核字（2016）第112548号

总策划：安 东 高立志 责任编辑：高立志 熊立章

· 大家小书 ·

笔祸史谈丛

BIHUO SHI TANCONG

黄裳 著

*

北京出版集团公司
北京出版社 出版

（北京北三环中路6号 邮政编码：100120）

网 址：www.bph.com.cn

北京出版集团公司总发行

新华书店经销

北京华联印刷有限公司印刷

*

880毫米×1230毫米 32开本 5.25印张 85千字

2016年7月第1版 2018年5月第3次印刷

ISBN 978-7-200-12179-7

定价：35.00元

质量监督电话：010-58572393

序　言

袁行霈

“大家小书”，是一个很俏皮的名称。此所谓“大家”，包括两方面的含义：一、书的作者是大家；二、书是写给大家看的，是大家的读物。所谓“小书”者，只是就其篇幅而言，篇幅显得小一些罢了。若论学术性则不但不轻，有些倒是相当重。其实，篇幅大小也是相对的，一部书十万字，在今天的印刷条件下，似乎算小书，若在老子、孔子的时代，又何尝就小呢？

编辑这套丛书，有一个用意就是节省读者的时间，让读者在较短的时间内获得较多的知识。在信息爆炸的时代，人们要学的东西太多了。补习，遂成为经常的需要。如果不善于补习，东抓一把，西抓一把，今天补这，明天补那，效果未必很好。如果把读书当成吃补药，还会失去读书时应有的那份从容和快乐。这套丛书每本的篇幅都小，读者即使细细地阅读慢慢地体味，也花不了多少时间，可以充分享受读书的乐趣。如果把它们当成补药来吃也行，剂量小，吃起来方便，消化起来也容易。

我们还有一个用意，就是想做一点文化积累的工作。把那些经过时间考验的、读者认同的著作，搜集到一起印刷出版，使之不至于泯没。有些书曾经畅销一时，但现在已经不容易得到；有些书当时或许没有引起很多人注意，但时间证明它们价值不菲。这两类书都需要挖掘出来，让它们重现光芒。科技类的图书偏重实用，一过时就不会有太多读者了，除了研究科技史的人还要用到之外。人文科学则不然，有许多书是常读常新的。然而，这套丛书也不都是旧书的重版，我们也想请一些著名的学者新写一些学术性和普及性兼备的小书，以满足读者日益增长的需求。

“大家小书”的开本不大，读者可以揣进衣兜里，随时随地掏出来读上几页。在路边等人的时候，在排队买戏票的时候，在车上、在公园里，都可以读。这样的读者多了，会为社会增添一些文化的色彩和学习的气氛，岂不是一件好事吗？

“大家小书”出版在即，出版社同志命我撰序说明原委。既然这套丛书标示书之小，序言当然也应以短小为宜。该说的都说了，就此搁笔吧。

再论再论说真话（代序）

黄宗江

欣悉老友黄裳旧作《笔祸史谈丛》即将新刊。黄裳最擅旧书新读、旧戏新谈、旧史新论。这是因为他最善于掌握这旧与新的关系，也就是历史与现实的关系，亦千古至今做学问的契机。我又奉命当之序，既感荣幸，又感惶恐，尤恐又祸从笔出也。猛想起我十几年前就发过一篇杂感，正从他的“笔祸史”谈起，如今也难再说得更加真切，索性就旧文新发于下以代序。

夜半，偶得半题：人贵在说真话之类。其实这类题目早就有人作而又作了，巴金师以说真话为题就写过了一论二论三论……我再用之，亦非出于偶然。深思之，自己在“文革”后所写作品几乎都与此一主题有关，也可以说是当代一大“中心主题”了。以此念告老伴，她却说："别说了，别写了。"并向我出示当年《人民日报》9月19日8版所载评介我老友黄裳著《笔祸史谈丛》的文章，并要我细读。其实黄裳早就赠我此书，我早就通读，甚至不读也通的。我懂得这一部笔祸史是一部文人的血泪史，一部断头史；但历朝历代的文人也不是不晓利害的，却偏偏仍常有人把头颅送上。我是不想这样死的，我也知道今天——"文革"后，十一届三中全会后的今天是不会这样死去的。当然，又得说真话，还不是毫无余悸，毫无客主观使然的杂念的。我仍在老伴前叨叨不休，甚至想把这些私房话公之于世。

近日在上海《文学报》上见到一篇《黄宗江依然不忘张志新》短短数百字的报道，大致说我在张志新"文革"中说了真话遭致割喉再枪决案公布后，写了电影剧本，好几位导演欲拍未遂，虽亦无人公开反对云云。又道我引申地说了巴金倡建"文革"博物馆，邵燕祥倡建"文革"学，以使国人不忘教训，亦均未能有所建，这些还是由于有些人怕提"文革"，不愿彻底否定"文革"云云。现在已经久卧病榻说不出话来了的周扬同志说过：张志新是一个光芒万丈的共产党人，她胸中既有三且有四——三者三中全会，四者四个坚持，而这三和四她都无幸赶上，然而她却具备这可以合二为一的精神了。她在那恐怖的万家墨面的年月就说过：毛泽东同志的丰功伟绩不容否认，但他晚年犯了斯大林式的错误等等，等等。后人愿意重提“文革”，重提张志新，也还是想借助敢说直话的张志新的亡灵或招魂或打鬼也。

俱往矣！千古多少令人爱煞敬煞的人物，粗直如张飞、李逵……斯文如屈原、司马迁、李贽、鲁迅、巴金……均贵在其真；千古多少文章如《离骚》、《史记》、鲁迅杂文……无不贵在其真。真不一定就对，然必须首先出之以真，方能见其对否。其未必就是真理，然真理必真。有理有利有节固好，但直言无讳的时刻哪又顾得了这许多？顾多了也就可能真不了啦！文人如无真则是最大的无行。政治家如弄假愚民则是骗子，且是骗子中最大的骗子，即政治骗子！

关于民主自由的定义，当也有百家说法，绝非仅是两家。可否也一句白话以蔽之曰：能让百姓说真话，也就实现民主自由了，也就反而能够真正地国泰民安了。

行文至此，了无风华，老生常谈耳；但我相信还会有多少位老生小旦百论千论说真话。在这一点上，我是乐观的，又不尽然，乐乎悲乎，且观之。停笔矣，乃又想到老伴，她从来是我的第一读者，这一回给不给她先看呢？……还是给她看了，沉默未语，但也不像是要和我划清界限的样子，我也就不怕，照发。

目　录

雍正与吕留良

清朝的文字狱，一般的意见都以为到了乾隆时才盛行，自然，以数量而论是如此。九辑《文字狱档》差不多有八辑都是说的乾隆一朝事。但以质量论，却都远不及雍正中发生的曾静吕留良案之重要。雍正的处理方法也是很独特的。一般的逆案，犯人的言论总是干碍着皇朝的体统与机密的，即使在官文书中有所触及，也大抵一鳞片爪，语焉不详，因为这都是“防扩散材料”，不宜使大众知道。可是雍正却反其道而行之，决心将这些材料公布于众。对于案犯的处理，常例是由大臣们审讯定拟，奏请皇帝批准执行，但雍正又一反常规，自己站出来与案犯面对面地辩论，写下长篇的上谕，为自己的政策、言行作辩护。对于这类大逆的案犯，照例是要凌迟处死的，但雍正又一反旧例，并不杀掉，还要罪犯到处讲说，现身说法，宣扬政策，而且告诫子孙，永远不得杀害，这又是石破天惊的做法，为一切人所不及料。但这最后一着却终于失败了。雍正一死，嗣皇帝乾隆就立刻处死了案犯，并且将雍正颁布天下的《大义觉迷录》列为禁书，下令销毁。乾隆为这一翻案活动找到的理由是："然在皇考当日，或可姑容，而在朕今日，断难曲宥。前后办理虽有不同，而衷诸天理人情之至当，则未尝不一。"到底也没有说得明白，但从皇帝一换，政策立刻就变这一事实，也足以说明雍正确有点特别的地方，不大像人们心目中的皇帝模样，作为一种别格，不能不说是难能而可贵的了。

关于曾静一案处理的另一破格之处是宽恕了现行的曾静而狠狠地惩办了死去多年的吕留良及其子孙亲属。雍正自己的解释是，如不经曾静投书，"则谣言流布，朕何由知之，为之明白剖晰，俾家喻而户晓……在曾静亦未为无功"，而吕留良则"谤议及于皇考"，是不能宽恕的。这解释不用说也是支离的，就连他给亲近的大臣的朱批中，也不能不承认是一种"出奇料理"。其实他是看出了思想上的叛逆比具体行动尤为危险的。而要彻底清除思想上叛逆的根源，不能不抓住一个有代表性的靶子来大做文章。吕留良搞过结社讲学，又大量批点时文，在读书人中有颇高的声望，又正好碰到刀口上，被他抓住了。他的这一思想被乾隆接受，贯彻下去，就成了此后办理文字狱的原则基调，也是通盘政策由武力镇压转向思想统治的契机。而雍正则是它的奠基者。

《大义觉迷录》四卷，现有重印本。所据底本有雍正内府刻本与雍正刻本两种，前者是御制的原本，后者则是地方上的翻刻。当日既要使之“家喻户晓”，那翻刻就不只一种两种，印数也必然可观。但被乾隆宣布为禁书之后就变成罕见本，成了藏书家的宝贝。本来是人人必读的政治教科书，转眼竟成为“防扩散材料”。在浩瀚的禁书目中，因此而出现了仅有的一种本朝皇帝的御制国书。凡此种种，都增添了它的神秘性。但要了解曾静一案的真实情况，它却不及文字狱档中所收材料之原始而可信，它略去了案件发生初期种种有趣的事实，曾静的口供虽占了很大的篇幅，但内容千篇一律，都是按照雍正的口径进行的自我批判，口口声声“罪该万死”，与“文革”中中国知识分子差不多都写过的交代和思想汇报没有什么两样了。这一切又都经过御览，整理修饰，成为典型的认罪八股，看起来只能使人昏昏欲睡了。

此案的透露是“南海无主游民夏靓遣徒张倬”向陕西总督岳锺琪上书，这时曾静和张熙用的还是化名，投书的封面上写的是“天吏元帅”，书中“且谓臣系宋武穆王岳飞后裔，今握重兵，踞要地，当乘时反叛，为宋明复仇”。从岳锺琪的奏折中透露的零散材料，可以知道投书大致内容是反清复明和攻击雍正的种种失德。雍正的反应则是故作镇静，声称“竟有如此可笑之事，如此可恨之人”，同时指出岳锺琪的秘审、用刑是“料理急些了，当缓缓设法诱之”，还替岳设计了诱供的手段、言词。岳锺琪照办了，对张倬予以优待还“与之盟誓，伪为激切之言”，这样，张倬果然上了圈套，供出了真实姓名居址和一切关系人。雍正满意极了，肯定了岳的做法，朱批说：“览虚实不禁泪流满面，卿此一心，天祖鉴之……朕与卿君臣之情，乃无量劫之善缘同会，自乘愿力而来，协朕为国家养生者，岂泛泛之可比拟，朕实嘉悦之至。”这种灌米汤手法是雍正的拿手好戏，对年羹尧早已使用过了，它也真的有效，立即使岳锺琪“感泣悚惶，惊喜交迫”。雍正又有朱批云：“朕生平居心行事，惟一诚实二字。凡谕卿之旨，少有心口相异处，天祖必殛之。朕之诚实卿必尽知，而卿之忠赤，朕实洞晓。朕惟朝夕焚香对天祖叩头，祝愿祈我良佐多福多寿多男子耳。五内欣悦览之。”为了收买臣下的忠心，不惜赌咒设誓，这在历代皇帝身上也是少见的表现，但恰好反映了君臣之间的猜疑、危惧。岳锺琪的审问张熙，一定要拉一个满洲大员陪同，也是为了撇清嫌疑。封建统治阶级上层之间的矛盾与合流，在这里是表现得如火如荼，好看极了。

曾静给岳锺琪的原信一直没有发表过。开始时岳锺琪是不敢冒昧呈览的，因为内容实在太露骨了，但雍正却说，“犬吠兽啼之声耳，有何可介意，送来闲览之”。态度似乎颇为从容，但当他看到原件之后，却不能不惊呼：“朕览逆书，惊讶堕泪览之。梦中亦未料天下有人如此论朕也。”这确是由衷之言。他又庆幸曾静、张熙的自首是一件好事，并表示“此书一无可隐讳处，事情明白后，朕另有谕”。这是下决心作“出奇料理”的开始。雍正经过明察暗访，知道“逆书”中指斥的情节，并非出于投书者自己的捏造，而是流布已经十分广远的公论，加以掩饰将是毫无意义的。他分明感受到了舆论的压力。即使是在封建社会里，舆论自也有它的力量，这正是一个好例。按照惯例，曾静也将雍正的罪恶归结为十条：谋父、逼母、弑兄、屠弟、贪财、好杀、酗酒、淫色、怀疑诛忠、好谀任佞。具体内容从雍正自己的辩护词中可以约略窥见，这是清初著名的公案，有不少学者都曾加以考证论定了。总之，这里说的是雍正做皇帝是否够格的问题，到底还是次要的。《大义觉迷录》中所载第一道上谕的主要内容则是有关夷夏之防的辩论。

雍正说：“在逆贼之意，徒谓本朝以满洲之君，入为中国之主，妄生此疆彼界之私，遂故为讪谤诋讥之说耳。不知本朝之为满洲，犹中国之有籍贯。舜为东夷之人，文王为西夷之人，曾何损于盛德乎？”

他把少数民族的问题说成是籍贯问题，在当时是不得已的，但今天看来，这已完全不成问题，而且他的说法也含有不少合理的成分了。何况他也并未完全回避异民族的事实。“且逆贼吕留良等以夷狄比于禽兽，未知上天厌弃内地无有德者，方眷命我外夷为内地主。若拒逆贼等论，是中国之人皆禽兽之不若矣，又何暇内中国而外夷狄也？自骂乎，骂人乎？”这里就坦率地承认了自己是“外夷”，哓哓争论，有如小孩的相骂，这样的上谕也是少见的。

雍正又推论华夷之论，盖起于晋宋六朝偏安之时，还指出中国幅员的拓展与民族融合的事实，也都是符合历史实际的。“且自古中国一统之世，幅员不能广远，其中有不向化者，则斥之为夷狄。如三代以上之有苗、荆楚、玁狁，即今湖南湖北山西之地也。在今日而目为夷狄可乎？”这已经把问题说得很清楚了，雍正还举出了圣经贤传，“皇天无亲，惟德是辅”，“抚我则后，虐我则仇”，“顺天者昌，逆天者亡”。说明只有有德者才有资格做皇帝，民族、地域并不是决定性因素。这样，就接下去顺理成章地辩解自己实在是个够格的好皇帝，并非曾静所说的昏恶了。当然还免不了指天发誓，为了杜绝流言的影响，“是以特将逆书播告于外，并将宫廷之事，宣示梗概，使众知之。若朕稍有不可自问之处，而为此布告之词，又何颜以对内外臣工、万方黎庶？将以此欺天乎，欺人乎，抑自欺乎？”看来他的处理此案是下了极大的决心的。“倘朕言有一字虚捏……必遭上天之责罚也。”“挥泪书此”这些话都说明他确是感到了反对派的强大与自己的孤立与无力，不能不说出这些极话来了。

岳锺琪在审问张熙时曾盘问“平日往来相与之人并其所祖述师承之具”，据供，“我辈同志之人素所宗者，系吕晚村，号东海夫子。我曾亲到其家，见其所著《备忘录》并《吕子文集》。惜其子孙不肖，忽背先志，贪慕荣利，已作仕宦，可为痛恨。今行李中所有抄录诗册，即晚村作也”。这是此案牵涉到吕晚村并引起雍正注意的开始。所说不肖子孙是指吕留良子、考中进士的吕葆中，此时亦已死去。文集是指《吕晚村文集》，雍正初刻本。晚村诗集没有旧刻，只留下一些传抄本，张熙所抄大抵就是这一类。

《大义觉迷录》卷四差不多就是批判吕留良的专卷。方法是首先打掉吕留良明遗民的头衔。清朝对待明遗民的态度是既防范也尊重的。固然希望他们出来为清朝帮忙，可是对真的降顺过来的又加以鄙视，修“二臣传”就是一种表示。这种看来似乎有点矛盾的现象只能用封建道德标准的忠字来解释。统治者需要的是死心塌地的忠顺奴才，恨的是反复无常见风使舵的角色。二臣既然背叛了前朝，那就不可能是新朝的可靠帮手。为了统治者的利益，是不能不表彰前朝的孤忠，正是为了效力新朝的榜样。清初的隆重为明遗臣赐谥予祭，做的就是这个题目。也就是说，主子虽然换了，奴才固有忠的道德是不能变的。而吕留良却是考中过清朝的秀才的，一入黉门，君臣之分就定了，再行反复就将不齿于士类。雍正说，吕留良“于顺治年间应试，得为诸生……是吕留良于明，毫无痛痒之关，其本心何曾有高尚之节也。乃于康熙六年，因考校失利，妄为大言，弃去青衿，忽追思明代，深怨本朝。后以博学宏词荐，则诡云必死；以山林隐逸荐，则剃发为僧。按其岁月，吕留良身为本朝诸生十余年之久矣，乃始幡然易虑，忽号为明之遗民。千古悖逆反复之人，有如是之怪诞无耻，可嗤可鄙者乎！”

雍正接下去又对吕留良著作中的“悖逆狂噬之词”举例加以批驳。雍正当日接触的吕留良著作，除日记已经消失外，文集还留下了雍正初南阳讲习堂原刻的《吕晚村先生文集》八卷，续集四卷，后附“男公忠谨述”的《行略》。少加比勘，就知道雍正当日是颇为细心地通读了原书的，也确能摘出一些反映作者思想的词句。如文集中“德祐以后，天地一变。亘古所未经”，又云“将以小庄为桃花源，为不知有汉，无论魏晋之人”等等，其实这样的词句在文集中是所在多有的。文集卷五有“秋崖族兄六十寿序”一文，看题目大约是不会说出什么出格的话来的，然而不然，文章一开头就说去常熟为钱牧斋庆祝八十寿辰的事。这钱牧斋就不是清的统治者喜欢的人，他自己的著作全部被禁且不说，任何文字只要牵涉到钱的名姓议论，也得一律抽毁。钱牧斋对吕留良说的一段话更是皮里阳秋、意在言外，他说，你算了吧，要为我祝寿无过于引用彭祖的先例，但彭祖又怎样呢？“八百年内享升平，歌暇豫，轩眉皤腹，开口而笑者，固无几也”。这一通牢骚又引起了吕留良的一大段议论。他说，照彭城的旧例，为吕姓家族祝寿，“必以蒲州也……言长生家必以为宗。然吾数其后，未四十年，遘金统之难，区宇糜烂，又五十余年而阴山微种，开门揖盗，燕云以南，无复人理。数不满百，五朝八姓十主，自生民以来，未有若斯之酷也。宋德□长，东罢于耶律，西蹦于拓跋，完颜蒙古，相继甘人。磨刀吮血，腥闻过百年。是蒲州所阅历，固有倍蓰于彭城之八百。……则变乱之奇，自今日以迄不可推测，抑又烈矣。湘潭岳鄂，汴淮吴越之墟，耳断鸡犬，目断爨烟……狐狸叫嗥，鼷鼠杂迹。城郭如故，寂无人声”。结论是这种世道，即使有长生之术怕你也不情愿吧。这一大段议论，可以说明吕留良对清初政治形势联系历史旧事作出的完整估计。在雍正看来，应该是极端狂悖的，但却轻轻放过了。

雍正又摘引行状中的话：“有故人死于西湖，为位以哭。坏墙裂竹，拟于西台之恸。”查原文前有“甲辰岁”三字，后有“已而葬于南屏山石壁下”。这正是说的张煌言，也暗示了他们之间存在着某种联系，只是不好明说而已。雍正似乎并未能觉察这一节。又文集卷四有“答徐方虎书”，是留良落发为僧后所作。中有云：

> “有人行于途，卖糖者随其后，唱曰，‘破帽换糖’，其人急除匿。已而唱曰，‘破网子换糖’，复匿之。又唱曰，‘乱头发换糖’，乃皇遽无措。回顾其人曰：‘何太相逼！弟之剃顶，亦正怕换糖者相逼耳。’”

这里很巧妙地说明了他对清政府剃发令、推举山林隐逸等一系列措施的态度。逼到无路可走时只能用落发来招架一阵。心事说得十分清楚，雍正也看得明明白白，在摘引了若干条文字后，下结论道：“此即其梗化不臣，明目张胆指我朝为闰统，托吠尧以自文者，皆此类也。”在雍正看来，曾静是“山野穷僻，冥顽无知”的人，他的谤讪只是因为误听了流言，又看到吕留良著作的结果，结论是“是吕留良之罪大恶极，诚有较曾静更为倍甚者”。至于吕留良的影响更是不可低估，“恣为狂吠，坐致盛名”，使读书人“转相推服，转相慕效，多被愚迷而不知”。甚至地方官吏也怵其声势与徒党之众，不能不加意周旋。“如近日总督李卫，为大臣中公正刚直之人，亦于到任之时，循沿往例，不得不为之赠送祠堂匾额”。再看吕公忠所作的“行略”：

> “时同里陆雯若先生方修社事，操选政，每过先君，虚左请与共事。先君一为之提倡，名流辐辏，玳筵珠履，会者常数千人。……人谓自复社以后，未有其盛。亦拟之如金沙娄东，而先君意不自得也。”

可以看出，吕晚村并非只是一个批选八股文的专家，实际上已俨然成为一方社盟的宗主，一言一行，都为人们所信服、景从，也正是因为他的这种声望，使地方大官也不得不敷衍周旋。如果这样的人物平日发出的都是“狂吠”，而“狂吠”又立即转化为公论，对统治者说来实在没有比这更为危险的事了。“行略”中又引录了吕留良的一首遗诗：

> “谁教失脚下渔矶，心迹年年处处违。雅集图中衣帽改，党人碑里姓名非。苟全始信谈何易，饿死今知事最微。醒便行吟埋亦可，无惭尺布裹头归。”

吕公忠说此诗“人莫测其所谓”，当然是打掩护的话。这哪里瞒得过雍正，看不出是一首明明白白的政治异己者的宣言呢？

《大义觉迷录》卷末附有曾静的“归仁说”，是一篇悔过书与讲用稿。从中可以窥见曾静被宽免以后奉旨往各地宣讲的某些内容。其后半主要也是批判吕留良的。这种现身说法的方式是得到了雍正的肯定的，“可见人无智愚贤不肖，无不可感格之人”。对自己的“出奇料理”是很得意的。

雍正的政治敏感与魄力都是少见的，他又很精细勤奋，在某种意义上也许可以称之为一个英雄。不过曾静在《知新录》里说：“皇帝合该是吾学中儒者做，不该把世路上英雄做。……即谚所谓光棍也。”曾静说的是迂阔话，但他指出雍正是光棍却是不错的，光棍也就是流氓，流氓皇帝在历史上有不少先例，但像雍正这样的却极少。看他对付读书人的手段，从吕留良到钱名世，不只是残酷，同时还是残忍。他的努力得到了很大的成功，终于转移了一代士风，大大加强了奴性。流风余韵，至今还没有消歇净尽，这一点是不应忽略的。

“名教罪人”

对于清朝的第三个皇帝雍正，历来恐怕是怀着恶意的多，但近来似乎有了转机。有的研究者说，雍正一朝只有短短的十三年，又夹在康乾两朝各占六十年的“盛世”之间，因此常为历史研究者所忽略，“康熙宽大，乾隆疏阔，要不是雍正的整饬，满清恐早衰亡。”（杨启樵）清史专家郑天挺也称赞他是清初的“三个好皇帝”之一。专家的意见是有根据的，例如指出他每天批阅的奏折、部本、通本，就多至二三十件甚至五六十件，因此可以无愧为古往今来“最勤政的皇帝”云。而他的“朱批谕旨”，也不只是讨论政治问题，有时还要对宠臣说些甜蜜的心腹话，甚至指天发誓，有如情书，就没有别的皇帝这样作过。称之为极有特色的封建社会最高统治者，是没有疑义的。

雍正别出心裁富有创造性的言行是很不少的。继位前后的措置，收拾弟兄间的争位对手，对年羹尧、隆科多这样的“重臣”心狠手辣的打击，就都办得干净利落，使人佩服，但这些还并未跳出历代统治者的常规，算不得崭新的创造。只有雍正七年颁布《大义觉迷录》的一案，才是值得认真注意的。有人煽动大将军岳锺琪造反，雍正知道了，没有立即大张旗鼓地查办，却抓住时机写出了《大义觉迷录》一书，向全国公开进行自我辩解。煽动者不但未被处以极刑，反而被命为宣讲员到各地去现身说法，逐条批驳他们对雍正进行过的指责，消除影响。这种敢于在全国展开一场大辩论，借以制造舆论的方法，确是一种非凡的创造。

雍正命令将这本书“加以刊刻，颁于全国各府州县学，使读书士子观览知悉。如不知此书，一经发现，就将该省学政、该州县教官一体治罪”。可见在他的心目中主要的宣传对象是全国大小知识分子，他将这些读书人的“能量”看得远远超过其他的农工商，这也是独特的识见。

《大义觉迷录》虽然算不得古书，刊行量也一定大得惊人。但在很久以前书肆中就已极为难得，偶然发现价钱也几乎和宋本差不多了。这是一件怪事。有人说这是后来发现这办法不够妥当，又被宣布为禁书，一本本地收缴销毁了的缘故。可见这种破格的行动原不是可以被普遍理解、接受的。雍正自己也明白这一节，所以他才在田文镜的奏折上批道：“遇此种怪物，不得不有一番出奇料理。”

陈援庵先生有一篇《钱名世轶事》的小文章，介绍了雍正的另一件“出奇料理”，不过这回案情并不十分严重，所以处理上带有恶作剧的玩笑性质。就像捉住了老鼠的猫儿在尽情玩弄到手的猎物似的了。

“钱名世，字亮工，号絅庵，江南武进人。康熙四十二年一甲三人进士，官至侍讲。雍正四年三月三十日，大学士九卿等奏食侍讲俸之钱名世，作诗投赠年羹尧，称功颂德，备极谄媚。……应革职，交与刑部从重治罪。”

这里说得十分清楚，钱名世不过是一个风派，在年大将军圣眷优隆、炙手可热的时候，投诗献媚，是属于一般性的拍马，还算不上是年党，这一点雍正是看得清楚的，也是他的“英明”之处。有意思的是他的意见：

“得旨：向来如钱名世、何焯、陈梦雷等，皆颇有文名，可惜行止不端，立身卑污，所以圣祖仁皇帝摈斥不用，置之闲散之地。而钱名世谄媚性成，作为诗词，颂扬奸恶，措词悖谬，自取罪戾。今既败露，益足以彰圣祖知人之明。但其所犯尚不至于死。伊既以文词谄媚奸恶，为名教所不容，朕即以文词为国法示人臣之炯戒。”

雍正懂得看菜吃饭、量体裁衣的道理，也深知“风派”的作用与可恶，因此想出挖空心思的“料理”。

“著将钱名世革去职衔，发回原籍。朕书‘名教罪人’四字，令该地方官制匾额，张挂钱名世所居之宅。”

古时对罪犯有面上刺字的办法，现在将御书的匾额挂在钱名世的大厅上，使他每天起身都要走过看见，亲友来访也只能闭着眼睛，真是一直到死都卸脱不得的大包袱。这样的“料理”，是只有绝顶的“天才”才能想得出来的吧。事情到这里还不能算是了结。

“且钱名世系读书之人，不知大义，廉耻荡然。凡文学正士，必深恶痛绝，共为切齿。可令在京见任官员，由举人进士出身者，仿诗人刺恶之意，各为诗文，记其劣绩，以儆顽邪，并使天下读书人知所激劝。其所为诗文，一并汇齐缮写进呈，俟朕览过，给付钱名世。”

这是发动群众搞大批判的发轫，是组成战线定下调子，有领导地进行围攻手段的先河，推原溯始，不能不推雍正为首创的先驱。

这本汇编了三百八十五人作品的《名教罪人诗》也是流传极少的，好像只从故宫里找到了一本，也许就是当时专案的原始附件。后来重印出版了。过去常常可以在旧书店里遇到，被当做“陋书”，没有人肯买。现在可是一本也看不到了。援庵先生还抄下了一首方苞的诗，虽然是桐城派大师的手笔，但到底不像诗。援庵先生说：“今诸人诗集多不录此等诗，殆物伤其类欤！”即此也可以看出这种批判运动的效果如何了。

前些时偶然在旧书店头买到一册《名教罪人》的翻印本，铅字排印线装，前故宫博物院出版“文献丛书”之一。书前有雍正四年“谕内阁九卿翰詹科道”旨一件。略云：

> “钱名世向来颇有文名。我圣祖仁皇帝拔为一甲进士，置之词馆，兼直内廷。伊不能仰报厚恩，自罹罢斥。复蒙圣祖仁皇帝格外矜全，令其修书赎罪，又复其原官，给予俸禄，特不许在翰林衙门供职。盖圣明洞鉴，知其品行卑污，不堪复玷侍从之班也。”

值得注意的是翰林院在清初的特别受到重视，视之为清华之选，与处理庶政的行政机构不同。这也就是后来“复命在京大小臣工，由制科出身者，咸为歌诗以刺其恶”的张本。至于钱名世既然品行卑污，不能进翰林院，难道修书就是合格的吗？这一节就存而不论了。谕旨中提到钱名世的罪状是“乃复钻营不悛，以诗赠年羹尧，曲尽谄媚。至以平藏之功归之年羹尧，谓当立一碑于圣祖平藏碑之后，悖逆已极”。这也真是说得太过分了，竟要与皇帝争功，分庭抗礼。真的是不可恕了。雍正的通篇谕旨都是向全国“读书之士”说话，最后也不忘对这种别开生面的处理方法可能引起的误解加以申明。

“如谓朕于负罪之人，不加诛戮，尚赐以匾额，令在廷赋诗与之。视黜恶之典有同儿戏，则大非朕激劝风励之深心矣。”这是雍正自己也知道这种“出奇料理”实在有些过于别致了。当日奉旨作诗的文臣，也确实遇上了大难题。物伤其类固然是一块心病，在划定的圈子里打转，挖空心思想出话来，更是困难。要想不陷入雷同的绝境，几乎是不可能的。这一卷诗可以算是二百多年前的一份“样板诗”，其文献价值也就在此。做诗的三百多名臣工中间，有大官，也有诗人名士，其中查嗣庭和谢济世就是后来身陷文字狱的有名人物。可见他们并未通过运动改换思想，洗心革面。那么雍正的一番努力的效果如何也就可想而知了。

当日诸人奉旨作诗，做好以后先要由雍正审阅，认为满意才交付钱名世刊印。这中间就有翰林院侍读吴孝登、陈邦彦等因作诗不合圣意，吴被发往宁古塔给披甲人为奴，陈则落职。（《永宪录》）命运比钱名世更坏。可惜他们的诗没有流传下来，不知到底说了些什么话，惹恼了皇帝。被“重视”的翰林们的实际身份与遭际，在这里也暴露得淋漓尽致了。

一九八六年十二月补记

宽严之间

鲁迅先生在一篇题为“隔膜”的杂文中说过：“清朝初年的文字狱……大家向来的意见，总以为文字之祸，是起于笑骂了清朝，然而，其实是不尽然的。”“这些惨案的来由，都只为了‘隔膜’。”这些话说得非常深刻，翻翻《清代文字狱档》，是可以找出不少这种“隔膜”的例子来的。所有的案例，除了少数是由皇帝偶然发现，或得力鹰犬卖力诛求者外，绝大多数都是自投罗网的。这些人怀着各自不同的卑微的个人目的，希望一旦投献的诗文得到皇帝的赏识，就能立即改变困苦的处境，但不料一个个都碰到刀口上了。这是一种真正的悲剧。

但要说皇帝都有非凡的雅量，笑骂由人笑骂，当然也不是事实。迄今为止，我所发现货真价实可以算得上是笑骂了皇帝的，只有查嗣庭一案。见《柳南随笔》：

“文人借笔墨嘲讪，最属轻薄，况语犯君上，尤自蹈灭亡也。海昌查某，与锡山杜太史紫纶素善。上尝赐杜御书一幅，为程明道《春日偶成》诗，查戏成一绝云，‘天子挥毫不值钱，紫纶新诏赐绫笺。千家诗句从头写，云淡风轻近午天。’诗成不以寄杜，录之日记簿，杜茫然不知也。后罹罪籍其家，日记得呈御览，上摘其大不敬语数条，此诗其一也。”

这事也见于汪景祺的《西征随笔》，诗句微有异字，可见当时已是流传颇广的了。作诗者和记述者都因此而被处死。如果按照封建时代的标准看来，当然算不得冤枉。可是后来不对了，在皇帝的鞭策与严格要求下，在奴才们尽力表现忠诚，希冀从中得到好处动机的驱使下，千奇百怪的案例源源出现了。有的是不看批注解释，简直就不能领会。胡中藻的《坚磨生诗钞》一案，是乾隆帝自己发动的，在“上谕”中并亲自进行了批判，实在是一种“样板”，意在使大小臣僚一概遵照奉行，严查不法分子。“上谕”一开始就提出了旧案：

“从前查嗣庭、汪景祺、吕留良等诗文日记，谤讪诪张，大逆不道，蒙我皇考申明大义，严加惩创，以正纪伦，而维世道。数十年来，意谓中外臣民，咸知警惕，而不意尚有此等鸱张狺吠之胡中藻，即检阅查嗣庭等旧案，其悖逆之词，亦未有累牍连篇至于如此之甚者。”

这篇上谕是乾隆二十年三月发出的，上距查、汪等案，已近三十年，不料中外臣民并未从旧案吸取教训，依旧说怪话，写歪诗，发牢骚，泄怨气，这是不能不使乾隆失望并发怒的。看来只有把螺丝拧得更紧之一法。于是细摘原文，严加批注，很做了一大通文字，不过平心而论，与“天子挥毫不值钱”的打油诗比起来，质量可是差得太远了。

“如其集内所云，‘一世无日月’，又曰‘又降一世夏秋冬’，三代而下，享国之久，莫如汉唐，宋明皆一再传而多故，本朝定鼎以来，承平熙皞，盖远过之。乃曰‘又降一世’，是尚有人心者乎！又曰，‘一把心肠论浊清’，加浊字于国号之上，是何肺腑！……又曰‘相见请看都盎背，谁知生色属裘人’，此非谓旃裘之人而何？……至若‘老佛如今无病病，朝门闻说不开开’之句，尤为奇诞。朕每日听政，召见臣工，何乃有朝门不开之语？……进呈南巡诗则曰，‘三才生后生今日’，天地人为三才，生于三才之后，是为何物，其指斥之意可胜诛乎！……又曰，‘天所照临皆日月，地无道里计西东，诸公五岳诸侯渎，一百年来頫首同’，盖谓岳渎蒙羞，頫首无奈而已，谤讪显然。”

这通上谕长得很，可见乾隆是很花了一番心力，细细研究原诗，苦苦追寻底蕴，这才洋洋洒洒地完成了大批判的。胡中藻的原诗固然不成诗，乾隆的这些推论也无疑是神经衰弱者的梦呓，其所以如此，因为“伊在鄂尔泰门下，依草附木”，早被看做朋党奸人的原故。已确定了对象是坏种，那么坏种的一言一行都自然是狂吠了。至于上纲上线，那是并不困难的，中国从古就有猜谜、射覆这些花样，方块字又是那么灵活的事物，在惯做截搭题的好手看来，简直就不算是一回事。乾隆在这里实在是给奴才们树立了榜样，奴才们也心领神会，放手大干起来，于是大量千奇百怪的案子出现了，到底造成了普遍的战战兢兢、鸦雀无声的局面，这实在是皇帝所万分希望出现的局面。

乾隆好像也觉得大批判有些牵强，说服力不强，而手段也似乎太辣了，于是不能不在谕旨中假撇清地申明：

“十余年来在廷诸臣所和韵及进呈诗册，何止千万。其中字句之间，亦偶有不知检点者，朕俱置而不论，从未尝以语言文字责人。若胡中藻之诗，措词用意，实非语言文字之罪可比。夫谤及朕躬犹可，谤及本朝则叛逆耳。”

这里既宣布了文字狱的尺度，把个别提炼为一般，把对象锻炼成离经叛道，非圣无法的罪犯；同时也争取了群众，使忠顺的奴隶觉得这不只是冒犯了皇帝，其实也损害了自己的利益。于是理所当然地激起了“义愤”，认为确是应该人人共诛、天下共讨的了。没有这一手，文字狱的意义就要大大降低，只是皇帝与罪人个人之间的纠纷、争论，那还有什么意思呢？

蔡显的《闲渔闲闲录》，是本人赴府呈首的，原因是“此书于本年（乾隆三十二年）三月内刻成，并无不法语句，而其本地乡人，妄生议论，谓其怨望讪谤，投贴无名字帖，欲行公举”，这才“畏惧呈书自首”的。可见在作者看来，书中实在并无可以指摘之处，才放心大胆地呈请公断的，实在是天真得可以。同时可见大兴文字狱后在社会上确是发生了很大的影响，也在某种程度上发动了群众，虽然群众的出发点多半还是怕牵连。总之，不能说不是文字狱政策的成功。蔡显书的刻本已经失传了，但还留下了抄本，由吴兴刘氏刻入“嘉业堂丛书”，曾经粗略地翻过，却实在看不出有什么违碍的处所，不是抄本不全，那就是我的水平不高无疑了。

案子的结局是可想而知的。只凭“语涉狂悖”一款就在两江总督等的严鞫之下，“不能置辩，惟称草野无知，原有寓意，今天夺其魄，自行败露，罪该万死，实无可辞”了。这是逼供的结果，口称“罪该万死”也是古今通行的认“罪”法，到底没有真凭实据，皇帝自然是不能满意的。先是不能不遗憾地降旨，“蔡显刊刻书词，恣行怨诽，情罪深属可恶。第核其情节，尚与诋谤肆逆者有间，著从宽改为斩决……”可是到底不放心。

> “及细检各处，如称戴名世以《南山集》弃市，钱名世以年案得罪，又‘风雨从所好，南北杳难分’及《题友袈裟照》有‘莫教行化乌场国，风雨龙王欲怒嗔’等句，则是有心隐跃其词，甘与恶逆之人为伍，实为该犯罪案所系，而册内转不签出，明系该督等自以文义未精，竟委之一二幕友，代为披检，而幕友等从来锢习，每遇用兵之事，及以文字获罪者，辄一切讳匿不言，是以略摭无关紧要之文，巧为塞责，而于吃紧关键，不肯复加指摘，高晋

等使若辈得售其术，朕则岂能依样葫芦，漫然不为省视乎！”

在精明的主子手下工作，是困难的，必须时时提防无从悬揣的挑剔指摘，只有一个办法，提高警惕，加码诛求，把定罪拟得严严的，宁愿由主子来“加恩”末减，虽然同样活不出，斩决到底是轻于凌迟的，这就是皇恩浩荡了。据说有人看过原本《四库全书》，常在每本起首处发现了明显的错误，原来那是为了“御览”时省些事，用不到细读就能看出显然的错误来，既证实了天王圣明，也便于改正。不幸皇帝翻也没有翻就算“御览”过了，谁也不敢再动任何手脚，只得听它错下去，一直错到今天。文字狱的往往由臣下严拟，再由皇帝减刑的办法，好像就是同样的手法。

在乾隆中，诗文中最忌讳的是明字。李骕的《虬峰集》内有“杞人忧转切，翘首待重明”、“日有明兮，自东方兮，照八荒兮，民悦康兮，我思孔长兮，夜未央兮。”都是大逆不道的证据。戴移孝《碧落后人诗集》案中，连其祖父遗诗中“长明宁易得”句也认为是“悖逆显然”。官民的忌讳明字可以说是达到了神经错乱的地步。就连因私仇诬陷者也由此而捏造出莫须有的书名来。如卓长龄等《忆鸣诗集》一案，原由卓汝谐首告有《忆鸣诗集》一种，中有悖妄字句，搜查未得，据供，“实缘先有讼案起衅，希图报复。复闻其先人作诗，多有伤时之语，意以伤时即属追忆前明，又不能向卓连之等索看，故以‘忆鸣’为‘忆明’，隐跃其词，作扎举首，以冀泄忿，究之实无此书。”

这一案中已死的卓长龄是卓回（方水）的儿子，在卓回与周在浚合刻的《词汇》三编中提到过他的名字。从他的诗句里看，倒是个典型的明遗民，如“可知草莽偷垂泪，尽是诗书未死心”，“楚衽乃知原尚左，剃头轻卸一层毡”，都是不折不扣的遗民声口。他家一门都能诗，遗集在此案中已一网打尽，只留下一些断句于“文字狱档”中而已。

在皇帝恩威并用的激励下，自然会出现卖力办事的大臣，在这里倒真的表现了狗比主人凶的特色，也就是俗话说的“大王好见，小鬼难当”。没有这些得力的奴才，主子办起事来是不会如此顺手的。不过事情做过了头往往又会走向反面，有时又不能不惹主子生气。在承办文字狱案的官员中，江西巡抚胡宝瑔可以算是特别出力的一个。他办理余豹明首告余腾蛟诗词讥讪一案，在奏折中附有投告人对举发原诗并注解，可以算是非凡的妙文，如：

“其《溪园》诗，‘小筑临寒渚，抱瓮待时清，只今溪园内，常闻秋水声。’既曰寒渚，又曰秋水，则无不清矣。又云抱瓮待时清何耶？意谓筑室以待时清，只今时势，尚属秋水声一派萧条愁惨之象耳。”

看揭发人的批注，可以知道“难道是这样的么”这样的批判手法，早在二百年前即已存在了。今之大批判专家未必读过“文字狱档”，那么他们的所见略同，只能是具有共同的思想基础、逻辑推理的结果。又说：

“《枫桥》诗，‘村烟绕青枫，寒流下赤鲤。为问虬髯翁，年年钓绿水。’虬翁隋之剑侠，乘隋乱志意欲有为，见唐太宗而止。腾蛟引此为句，意实何指？又舟中感怀诗云：‘寂寞问古人，谁是同心者，范蠡与张良，空行若天马……’古人多矣，必引张良、范蠡为同心何也？岂以张良复韩，范蠡复越乎！”

这就更觉得面熟，是以借古讽今罪杀人的好例。这种拙劣的批判，连皇帝也不相信了，上谕指出：

“签出各条，率多蹈袭旧人恶调，语句踳驳，不得谓之诽谤悖逆。胡宝瑔或有鉴于从前胡中藻之案，以为既经首出，不得不严行处置。且入告少迟，又焉知不为谢溶生先得居奇。……若摭拾诗句，吹毛求疵，置之重辟，不独无以服其心，即凡为诗者，势必不敢措一语矣。”

从皇帝的批评中也可以看出，乾隆中的文字诛求已经发展到怎样的水平，简直已离胡说八道不远，而不幸还是幸而言中呢，全体臣民都再也不敢措一语，只剩下八股文和考据学才是十分保险的事业。终清之世，还没有听说有谁从繁琐考据和八股文章中发现了大逆不道的证据，当然因出题得罪的还是有的，但只不过杀了几个考官，广大士子都无恙，证明这确是极安全、可以任凭驰驱的园地。

《清代文字狱档》只出版了九辑，所收除曾静一案外，几乎全部是发生于乾隆一朝的案件。这样就看不到顺、康、雍三朝文字狱的情况，这是有点可惜的。邓之诚先生《桑园读书记》有“西河合集”一条，引录毛氏“何毅庵墓志铭”，是难得的史料：

“予与同郡张梯、徐缄、沈胤范、祁班孙、姜廷梧，纵横为诗古文辞，既已选越郡诗若干卷行世矣，及见毅庵诗爱之，因出己所剩，与徐缄与君合为一集，名《越州三子》，实不知其诗之有避忌与否也。有言毅庵作诗刺当官者，州县官得其诗无如何，乃搜其旧稿，深文其辞字而指摘之，谓犯国禁死罪，系累之，押以官兵，渡江，赴军门。下杭绍二府，会勘于吴山之城隍庙。毅庵对簿无所诎。有吏大声曰：'日重光何也？'曰：'颂禅代也。东朝继世与兴王嗣国，凡有光于前代者，皆颂曰重光。《虞书》曰："重华于帝"，《孟子》曰："于汤有光"，此乐府题也。''何以曰纪辽东？'曰：'此亦乐府题也。隋帝征辽东，而诗纪其功，凡后儒之颂功德者，皆得和之。我祖不尝下辽东乎？夫辽，胜国之地，而谓当讳之，吾不解也。''明朝者何？'曰：'诘旦也。以诘旦而曰胜国，则会朝清明，不惟在明朝，且在本朝矣。''清戎者何？'曰：'清军也。以戎兵而曰戎狄，则"整我六师，以修我戎"，不惟戎徐戎，并戎周宣矣。''然则曷为夷？'曰：'裔也。舜东夷，文王西夷也。且夷与夏对，今我有方夏，煌煌三祖，莅中国而抚四夷，谁夷我者？夷我者大逆当反坐！''曷为虏？'曰：'掳也。成为王，败为虏。寇不敢以明为虏，以明本王也。寇虽胜，然亦未底于成也。若我则成之者矣。且我自败寇以来，南征北讨，其自中及外，有何一非我所虏，而反以虏我，大逆当反坐！’”

这一节真是少见的奇文，但都是事实。公庭上竟是如此情形。此案若在乾隆中，所举诸款没有一条是可以逃出凌迟之罪的，但却允许被告当庭反控，以大逆之罪反加在问官身上，不能说不是一种“奇迹”。审评的结果更是出人意表：

“诘者无以应。……时巡抚金君、提督学院王君皆儒臣，各言诸所诘不当，入官无学术，徒多事，贻笑士类。圣天子倘闻此，将以我辈为何如人。而按察使佟君，直据嘉兴钱氏例，凡旧刻文卷，有国讳勿禁。其清夷虏等字，则在史馆奉上谕，无避忌者。（原注，康熙乙丑会试，外帘官不晓事例，尚有以日月夷虏字为疑者，及见上命题，有如日月之代明，伯夷圣之清者也，遂止。）……而毅庵竟免。”

据邓之诚先生考，此案发生在康熙二十五年，难道这时的“民主空气”竟是如此浓厚的吗？尺度竟是如此宽纵的吗？

那当然不是。邓先生说得好：

> “此亦康熙初一文字狱也。顺康之际，每兴大狱，必穷极株连，至三藩乱起，乃事优容。故《启祯诗选》及此案皆得从宽，使在乾隆时，族矣。”

宽严尺度，是随当时政治形势而变化的。这就使我们得以明白文字狱的处置何以有这种大起大落的现象。乾隆是“太平盛世”，皇帝没有政治经济大问题值得担心，可以放手对付读书人了。这就是历史上往往在经济恢复、政局稳定的时候，在文化战线上反而会出现大小波涛的原因。清代诸帝总是对汉人的知识阶层不放心，对结党深恶痛绝，对有名望的儒臣怀疑，对草野遗民更是念念不忘，交互使用怀柔与镇压的两手，使之服服帖帖不再生事。这一政策，在乾隆中是大体得到了成功的。从此朝廷上全是不好不坏，俯首贴耳的奴才，全国充满了醇正老实的读书人，正如龚定庵所说的“家家饭熟书还熟，羡杀承平好秀才”（吴市得旧本制举之文，忽然有感，书其端。）这些浑浑噩噩的书呆子真的是值得羡慕的吗？龚定庵又说：

“国家治定功成日，文士关门养气时。”

这就说得更为明快，真的是活画出了“乾嘉盛世”的精神状态，而清朝从此也就走上了下坡路。

隔膜及其他

鲁迅先生谈到清代文字狱的起因，以为出于大不敬者少，而大抵以私仇报复者为多。而许多自投罗网者又往往是出于“隔膜”，即并不真能了解皇帝的心思，过多相信了表面的好听话，想去提建议、表忠心，撒娇卖好，终于碰在刀口上的。

乾隆十六年山西巡抚奏称有直隶人王肇基献诗，语句错杂无伦，且有毁谤圣贤、狂妄悖逆之处，审问后的供词是“我献诗恭祝皇太后万寿，不过尽我小民之心，欲求皇上喜欢的意思，并无别事”。又问所叙妄议国家事务、指斥文武大臣等情，供称：“如今是尧舜之世，我何敢有一字讪谤，实系我一腔忠心，要求皇上用我，故此将心里想着的事，写成一篇来呈献的。”至于牵涉到内外满汉文武大臣各事，则是“在各处当长随时，有从京报上看来的，有说闲话听来的。只求代我进了此书，我就有官做了”。

这是很典型的一例，与鲁迅先生引用过的“冯起炎注解易诗二经欲行投呈案”正是一类。那结局也大体一致，王肇基虽经乾隆判定是“竟是疯人而已”，到底还是“立毙杖下”了。

蔡显的《闲渔闲闲录》是作者因“其本地乡人妄生议论，谓其怨望讪谤，投贴无名字帖，欲行公举”才“畏惧呈书自首”的。二百年前的匿名揭帖其实就是当时的大字报，在文字狱盛行的日子里，这种大字报形成的压力是可以想见的。蔡显偏又自信书中“并无不法语句”所以才自首上告，希望得到公正的处置，全未想到官府自有一套特别的手法，在白纸上也能看出破绽来的，终于落得个杀头的下场，这只能怪他自己不识时务。也就是一种“隔膜”。

《闲闲录》是曾经刻过的，不过早已销毁干净，看不到了。现在只有刘翰怡据旧抄本重刻的本子。不知道是抄本已有删削还是原书残缺，实在看不出有什么重大的悖逆之处。刘翰怡的刻书跋中说，“蔡以举人撰是书，多雌黄语，郡绅嫉之，知府锺台亦恶之，摘其所作诗，有‘风雨从所好，南北杳难分’句，又《题友袈裟照》有‘莫教行化乌肠国，风雨龙王行怒嗔’句，隐约怨诽，情罪甚重。……今传抄本，其所摘诸条均无之。”其实这几句诗并非地方官摘出，而是乾隆自己看出来的，还为此在上谕中大大斥责了一通，“明系该督等自以文义未精，竟委之一二幕友代为披检。而幕友等从来锢习，每遇用兵之事及以文字获罪者，辄一切讳匿不言，是以略摭无关紧要之文，巧为塞责。……朕岂能依样葫芦，漫然不为省识乎！”乾隆是深通汉文化的皇帝，对官场的积弊也很清楚，在这样主子手下办事的奴才的处境是困难的。不过据现存嘉业堂丛书本，实在还有不少可以据以定罪的文字，不知道乾隆何以轻轻放过了。

《闲闲录》卷五据王沄撰《续年谱》载陈子龙殉国前后情事甚详，后记多是南明抗清义军活动情况，立场分明，略无避忌。又引“龚孝升（鼎孳）‘名列党人终是福，事关青史岂论官’，中包无限史事，非鸣其不平也”。（卷二）又引彭燕又（宾）诗：“雄心虚日月，遗恨满乾坤。”“愁中草木春如旧，老去乾坤事转新”，说是“知人论世，可以得其概矣”。（卷八）论质量，恐怕都比乾隆所摘出的几条为高，蔡显的并不以这些为触犯新朝大忌，也只能说他自己糊涂。但他的落入禁网的主要原因还是得罪了郡绅和地方官，也就是鲁迅所说的私仇报复。刘翰怡是清的遗老，但在跋文里也说：“附会诗句，以为诽谤，迩时风气使然，然不能禁其不传。……至牵连门下士，更属淫刑矣。”刘翰怡不但广收禁书，还屡屡复刻行世，是和他对清初文字狱有颇深的反感有关的。

许多文字狱都程度不同地表现了对清统治者的隔膜，但又更有特殊的例子在，那就是议论了宫廷秘事，批评了皇帝的私生活，这当然不能不引起乾隆的痛恨。其实论动机，还是出自善良的心愿，何尝有半点恶意，但终于还是罪有应得了。

山西候选吏员严谱向大学士舒赫德投违禀启，恳求代奏，后又查出奏折一件，“其中有议立正宫，并纳皇后，以皇上年过五旬，国事纷繁，若仍如前宠幸，恐非善养圣体，是以故加挺撞轻生等语”，在乾隆眼里，这实在是“乱民之尤，罪大恶极”。但又考虑这一案不同于一般的悖逆，不能照例处理了事，“恐外间无识之徒，转因办理慎密，妄生猜疑议论”，不得不交九卿法司严审究拟。可见在乾隆看来，这确是一件棘手的案子。在严审犯人之前，还特别关照“不必过用重刑”，但到了奴才手里，就变成了“濡缓折磨，使之备尝痛楚”，到底还是使用了“拧耳、长跪、打板、拶指、严夹”种种手段，审问结果，严谱供说：

“三十年皇上南巡，在江南路上，先送皇后回京。我那时在山西本籍，即闻得有此事。人家都说，皇上在江南要立一个妃子，纳皇后不依，因此挺触，将头发剪去。

这个话说的人很多。”“后来三十三年进京，又知道有御史因皇后身故，不曾颁诏，将礼部参奏，致被发遣之事。……想到人孰无死，若不做些好事，留个名声，就是枉为人了。……心里妄想，若能将皇后的事进个折子，准行颁诏，就可以留名不朽。……再则希冀有些好处，或借此可得功名，这个念头也是有的。”

这是在反复研讯之后得到的供词。看来严谱是受了明末议国本议大礼风气的影响，觉得这些都是国家大事，不妨议论，并可得到好名声的。不知新朝定鼎一百年来，最讨厌的正是明末这些“清议”，严禁的也是立党结社及因此而形成的宗派势力。这些都是他不明时势的取死之道。至于想借此而爬上去，那更是普遍存在的白日梦，一点都不奇怪的。

如果统计一下，清代的文字狱除了皇帝偶然发现、臣子主动举发与出于隔膜自投罗网者外，要以出于私仇或诈吓者为多。清初山阴祁氏一案，那诱因就是如此，海昌费寅《杂录》手稿记：

“魏雪窦为东门令史凌祥宇赘婿。联络山海，思得一当。与思溪钱缵曾允武为密友。时允武、雪窦通书于延平，为孔孟文首告。初时孟文尚图讹诈，故舛其名。以钱允武为钱云五，魏雪窦为魏西斗，潘龙基为潘伦吉。浙抚以无其人覆部。时顺治十八年辛丑夏也。而钱魏不知省，未及行贿于孟文。越半载，遂易真名，注明地址，行镇浙将军柯奎密拿矣。”

像孔孟文这种打小报告检举揭发的事，历史上是从未间断过的。起初是诈财，不得手就一股脑儿出卖。事后是不是论功行赏得到了好处，史家没有说。这一案的结局是三人杀头，牵连多人论死，又籍没了好几家。

与祁案差不多同时发生的庄廷鑨史狱，其诱因也是出于诈财告陷。顾炎武《书潘吴二子事》说，庄廷鑨得朱国祯《明史概》残稿，请人改编成《明书》，刻成行世。“书凡百馀帙，颇有忌讳语，本前人诋斥之词未经删削者。庄氏既巨富，浙人得其书，往往持而恐吓之，得所欲而去。归安令吴之荣者，以赃系狱，遇赦得出。有吏教之买此书恐吓，庄氏欲应之，或曰，踵此而来，尽子之财不足以给。不如一讼绝之，遂谢之荣。之荣告诸大吏，大吏右庄氏，不直之荣。之荣入京师，摘忌讳语密奏之，四大臣大怒，遣官至杭，执庄生之父及其兄廷钺及弟侄等，并列名于书者十八人，皆论死。其刻书鬻书并知府推官之不发觉者，亦坐之。发廷钺之墓，籍得其家产，所杀七十余人。”

这是清初文字狱著名的大案，处理严酷为后来的文字狱开了先例，其起因也是诈财。清初这一类书籍原极多，只因作者并不都是巨富，不足成为勒索的对象，才得以暂时逃免。皇帝后来悟出专靠零星告密根除不了隐患，这才有了借修《四库全书》为名收集审查天下遗书的意思，随之而来的是销毁禁绝大批违碍书籍的“壮举”。征集是手段，禁毁才是目的，统治者是深通辩证的“将欲取之必先予之”手腕的。

“几乎无事的悲剧”

翻看《清代文字狱档》，其中有些案子论性质都是可以归入《笑林广记》一类的。然而读了以后却笑不出来。那结果往往是很悲惨的。人的价值已经贱如泥沙，而掌握着人的命运者也已堕落在禽兽之下。老虎吃人之前，并不发表一通什么宣言，申明罪状的，相比之下，不是还是更有道德的吗？

顺天学政倪承宽在考试生童时，发现了试卷诗内，“语涉讥讪”，立即将该生斥革拿问，抄家，并根究有无别滋事端了。审问下来，据供，“该犯作诗平日原没讲究，卷内诗意，极要颂扬，苦于词不能达，又因不能诗学，随意填写，以至字句多不妥协，并无他意。”但倪承宽仍主张“非重加惩治”不可。看那试卷原诗，实在是打油之作，与乾隆御制的皇帝诗不相上下。这次乾隆的朱批是“其诗是不通，尚无别故，不必斥革”。比起倪承宽来要宽大得多。不过也怪不得这位顺天学政，实在被此起彼伏的文字狱弄得神经衰弱了，不得不从严批判，而皇帝的御批又是摸不准的，难保不作出天差地远的结论，要找明确的衡文定性标准，那可又没有。这就是文字狱中常常出现“狗比主人凶”情形的来由。

与此案有些相似的是“龙凤祥《麝香山印存》案”。龙凤祥是问流在配的官犯，被搜出印谱二册，据贵州巡抚觉罗图思德奏称，“图章语句，多有狂诞不经之处”，随即锁拿抄家。审问后案犯供称，因贫苦无聊，刻成两本印谱，希图送人获利，不料即被查获。“那图章字面，有用成语，有自己编造，并无别有意见。”刻闲章是从晚明开始盛行的一时风气，内容有大话、有牢骚，但没有颂圣的豪言壮语，要找怨望悖逆的字眼，不必断章取义，处处都是现成的。不过经乾隆“细加搜阅，并无悖逆不法字句，毋庸照逆案办理”。总算逃出了一条性命，发遣到伊犁等处充当苦差去了。

审问这类案件，自有一套“圆机活法”，“诗句虽非诽谤，但缺望情词，已属显然”。（刘统勋查抄鄂昌奏折）就是一个通用的套子，随时随地都能套中对手，逃脱不得。有时不必出于自作，批点前人之作也可以构成罪案。程明禋因妄作寿文，圈点成语，被问官捉住，问道：

“《后汉书·赵壹传》内五言诗二首，你何以独取‘文籍虽满腹，不如一囊钱’二句，密加圈点，且批‘古今同慨’四字？”

这在批点之风盛行之时，对在书房里用功的人可是一种严重的威胁，不知何时何处会被捉住，牵连到逆案中去。乾隆对此案的处理也是别具手眼的。他认为作寿文圈成语不过是“文理不通，滥用恶套，与公然造作悖逆语者有间”。但因此而引起的纠纷，“此种党同恶习，实启师生门户之渐，于世道人心甚有关系。程明諲之罪实在于此。”虽然免却凌迟处死，还是“斩立决”了。真是天威不测，想揣摩也困难。

乾隆一朝，虽因文字狱案最盛，引起人们的注意，但多半是属于这一类“几乎无事的悲剧”。禁书因销毁而多半成为秘本，难以得见，但偶然读到，也还是失望的时候多。鲁迅在给杨霁云的信中说：

“乾雍禁书，现在每部数十元，但偶然入手，看起来，却并没有什么，可笑甚矣。现正在看《闲渔闲闲录》，是作者因此杀头的，内容却恭顺者居多，大约那时的事情，也如现在一样，因于私仇为多也。”（一九三四

年十二月十四日信）

私仇之外，还应加上一条，就是奴才们为了献功邀赏或保全自己的捏造。许多冤案都是这样制造出来的。邓之诚《清诗纪事初编》王仲儒《西斋集》条说：

“仲儒身后得祸最烈，列入禁书专案。自今观之，略无抵触。仅故国之思，偶一流露。视同时诸人之作，或尚蕴藉。乃有禁有不禁，殆亦偶值其会耳。乾隆时禁书几以全力为之，及今所禁之书，依然流布世间，知为徒劳也。”

既然是几乎无事的悲剧，那偶然性就是必然的。说禁书是徒劳固然不错，说它为文化带来了浩劫也是事实。

乾隆十八年发生的“丁文彬逆词案”也许是这类案件中最为典型的一例。

一个口称孔家亲戚的浙江上虞人丁文彬，来到曲阜孔府门前求见。衍圣公看了来书，发现“狂诞虚拟”，不禁胆战心惊，立即将丁文彬捕拿送县，同时密扎山东巡抚查办，又上奏给乾隆，后来得到了“所见甚正，所办甚决，嘉悦览之”的朱批。这个丁文彬身边带了自著的《洪范春秋》，书中“丁子曰”字样经挖补改为“天子王帝曰”。这书事前又曾呈献给当时任浙江学政的庄有恭，但并无回覆。丁文彬又声称“已故衍圣公曾许其二女为配，传以尧舜之道，于前衍圣公孔广棨故后，即自以为承其统绪，即位为王，国号大夏，年号无元。擅加封赠”。同时又伪造时宪书，开列年号，并自画铸钱样式。“复捏写寄与孔氏书稿，称其为岳母妻室”，问他因何来禀，则捏称，“因困苦之极，欲将书籍交与衍圣公，传位与他”。正如山东巡抚杨应琚所说，此案是明明白白的大逆案件无疑了。但同时又不能不感到有些离奇。要解开这“神话”的谜底，就不能不看丁文彬的供单。据自供：

“小子从前跟了族叔祖丁芝田到过曲阜，见过老衍圣公，讲尧舜之道，辟佛老邪教，曾把两个女儿许配小子的。”

“问，你既是小家出身，现在看你形如乞丐，当年衍圣公怎肯与你结亲？况结亲从无两女同许一人之理，又并无媒妁，显属妄赖了。”

“供，小子结亲是奉上帝命，何须媒妁呢。那一夫二妇乃尧舜之道，舜妻尧之二女，斑斑可考。当年老衍圣公守先王之道，实应称帝，看小子讲道论德，与舜无异，故传位与小子，以二女妻之。这都蒙上帝启迪所成。小子闻得衍圣公殁了，就接了位，如今已八年了。”

问伪造逆书的经过，供：

“到乾隆十五年，上帝又命我改作《洪范春秋》，把这书又增添了好些，把书内六十章之后，‘丁子曰’都改作‘天子曰’‘王帝曰’‘王若曰’，是上帝命改，才挖补抽换粘联的。”

问到有无主谋，党羽，供：

“小子原不愿做这件事，实是上帝之命，无奈何，并没有什么主谋的。”至于上帝，“上帝是上天，如何有人？小子实是蒙上帝时时启迪，常在身旁说话，人不能听闻的。”

动了夹棍以后，还是供不出主谋，不过已经悟出，“如今受刑，亦是上帝带累的”了。后来问官又追问所封的董妃，那供词就尤为有趣：

“封董氏为妃，那董氏是松江人。她父亲叫董恒山，开茶馆的。小子没饭吃，帮他扇过半年风箱，见他这女儿年方十五，生得好。小子心里想，就把她封了妃，记载在书上的。”依同理，孔大舅就被封为冢宰、平虏将军，叔舅为大宗伯，伯舅为大司徒，理由也是“官员原该都是孔家人做的”。

“又问，你书中记张七，是什么样人？为何这样恼他呢，供，张七即张不赓，他是松江张司冠之子。小子承圣人之绪，圣公之女应配与小子，不料被他夺娶了去。那年张七娶亲，豪华已极。不特小子不得妻，且念师妹不得所，故此恼不过，记这一句的。”

原想追出大逆案背后主使人及其同伙的问官，不料却问出了这样一连串荒诞不经的供词，那失望是无疑的，虽然用了“悉心研究，严加刑讯，用言开导，遣人诱探”种种方法，还是无效。巡抚杨应琚终于不能不承认，“丁文彬乃一至贫极贱之人，一旦少习陈言，遂自诩为奇才异能，无出其右。因而妄想富贵美色，痴心日炽，结为幻影，牢不可破。”

这不像是审结，倒像医生开出的病历，其实还要算是明白的。不过即使是个精神病人，也还是不能放过，何况“该犯语言气短，面带死色，不便久候”。随即得旨，“丁文彬着即凌迟处死”了。犯人亲属丁文耀等三人也判了“斩监候”。以牵连规模论，也还不能算是一件大案。

丁文彬投书的当事人是衍圣公孔昭焕，虽然因及时上报得到皇帝的好评，但还是脱不了干系，不能不交上一份“亲供”，声明“我家世受国恩，焉敢僭称王号”。同时还汇报了一姊一妹的婚嫁情况，辨明与丁文彬无干。可见即使贵为衍圣公，也不能不诚惶诚恐地接受审查。乾隆到底给他留了面子，没有追问下去，至于在学院任内曾经接受丁文彬献书的江苏巡抚庄有恭，就没有这么轻松，不能不奏陈当日情景，并声称：“当时臣本未留心查阅，后亦不复寓目，今事隔五年，实不知败簏破箧中果存此册否？”这话是骗不了皇帝的，朱批，“此奏又属取巧。细查书来，不可终归乌有。”庄有恭到底没有将逆书找到交出，自请交部严加治罪。乾隆对此发出了长篇的谕旨，说明早就“知其存心取巧，必不将原书查取呈览”，“今果空言回奏，不出朕之所料。……庄有恭之意，盖恐进呈此书，则罪戾显然，故藉词寻觅不见，以此避重就轻。……必系闻信查出私为销毁耳。”这精明而合理的判断，说明皇帝也明白文字狱在奴才心目中的分量。但最后只是“照庄有恭学政任内俸禄养廉数目加罚十位”，“以为徇名利而忘大义者戒”，不能说不是法外施仁了。

从处理这样一名癫病患者的过程，是可以看出清统治者的用心的。推广开来，也可以看做处理类似案件的原则，那就是宁肯失之冤滥也绝不使任何可疑的反对派漏网。当然，有时候奴才奉行得过了头，也要站出来说两句“公平话”，好像皇帝自己倒是宽仁的。但奴才到底是聪明的，绝不因此变得实事求是，因为这实在是太危险了。清代文字狱为什么会出现大量“几乎无事的悲剧”，看来实在是必然的。上面是皇帝，手下跟着一批奴才，老百姓全是虫蚁，被随意捉来玩弄，像猫逮住老鼠一样，并不立即干掉，只是尽情摆弄，直到尽兴时才一口咬死，还得赶在他剩下一口气之前。想想这实在是特等的残忍，不过虽然登峰而未造极，后起之秀的业绩往往有青出于蓝之妙。可是推本溯源遵循的还是过去的老谱，只是翻新了花样而已。

违碍种种

雍正也确是一位少有的勤奋皇帝，每日在奏章上用朱笔写下的批示，数量可真不少。后来他命令臣下纂刻的《上谕内阁》和《朱批谕旨》就有百来卷之多，还只不过收录了其中很少的一部分，不愧是一位大政论作家。雍正的原意是想使自己的意见，也就是“图治之念与诲人之诚”，都能使全体臣民知道，以达到统一认识、划一舆论的目的，也就是“可为人心风俗之一助”。这些文件在编纂刊刻的当时就已经进行了删削、润色和技术加工，有不少重要的内容被删去了。后来雍正死去、乾隆即位，虽然继先皇的遗志，完成了编纂的工程，可是删减得就更多，这倒并非因为他不认真，其实是发现了这办法有很多流弊的缘故。这么大量地公布“御批”，难免不被广大臣民从中看去了皇帝的心思，这可是十分危险的，何况前后矛盾之处也往往而有，更足以为治绩之累。雍正亲手编定的样板书《大义觉迷录》在乾隆中终于成了禁书，那原因也就在此。

乾隆四十四年黄检私刻其祖父黄廷桂奏疏一案，是乾隆自己无意中发现，并非有意查访所得。二月二十一日上谕云：

“昨检阅查抄高朴家内书籍，见有已故大学士黄廷桂奏疏刻本，系恭载所奉皇考朱批及朕朱批之折，深为骇异。偶阅一篇，其所载皇考朱批，与颁行之《朱批谕旨》多有未符，因交军机大臣校核，则其所刊奉有皇考朱批者计一百七十余折，较之朱批刊行者几多至两倍，而字句亦多不符合，甚属非是。因思皇考朱批久经钦定，选择刊行，而朕临御后朱批之折，从未选刻，岂臣下所得私镌！况朕向曾降旨，凡臣工奏折奉有朱批者，概不准其引入章疏，所谓君不密则失臣，臣不密则失身，理应如是。则凡朱批事件，更非臣下所宜宣露。且其所刊，多系嘉奖之语，其或奉有训饬，即未载入，尤为失实。”

这就明白地宣布，当前他的政策已与“皇考”之时不同，必须严格执行保密制度，皇帝的批示除了公开发布的诏谕外，一律不得随随便便，自由引用了。下面还引了雍正谕旨的原文，加以解释，其实是辩难，明白地表示了否定的意见：

“是现在刊行之朱批谕旨，深费皇考圣心，且所有批折，乃择其可以宣示者，始行刊布，其余删去者甚多。而劝诫并施，垂戒之意尤切，更非臣下所当妄为增损也。”“至朕临御以来，不特朱批从未镌刻，即历年所降谕旨，前经大学士蒋溥奏请刊布，朕亦未允行。”

追寻祸始，又发现这是明代流传下来的“恶习”，“若明季诸臣，惟以虚名相尚，彼此党同伐异，攻讦不休。……其锢结不解之恶飞，深为痛恨。”这里就牵涉到清帝所一贯深恨的朝臣结党，更何况“黄检身系汉军世仆，本不当学汉人之刻集沽名”，这几条禁约都是清初诸帝屡屡宣布过的，现在就一并重申，加以告诫。

鄂尔泰是雍正的宠臣，乾隆在处理胡中藻诗狱一案时，曾特别指出，“胡中藻系鄂尔泰门生，文辞险怪，人所共知，而鄂尔泰独加赞赏，以致肆无忌惮，悖慢诪张，且于其侄鄂昌，叙门谊，论杯酒，则鄂尔泰从前标榜之私，适以酿成恶逆耳。胡中藻依附师门，甘为鹰犬，其诗中谗舌青蝇，据供实指张廷玉、张照二人，可见其门户之见，牢不可破。即张廷玉之用人，亦未必不以鄂尔泰、胡中藻为匪类也。鄂尔泰、张廷玉亦因遇皇考及朕之主，不能大有为耳。不然何事不可为哉。”今天看来，乾隆之所以处理胡中藻，并非仅只因为他的文辞险怪，其实倒是为了搞臭鄂尔泰并肃清前朝遗留下来的朋党余迹而已。

广西巡抚鄂昌（鄂尔泰侄）的得罪，表面看来是为了与胡中藻唱和诗篇，实际还是鄂尔泰的关系。乾隆的“传谕八旗，务崇敦朴”谕，即就此事加以发挥，表示了对满洲的渐染华风的隐忧，“满洲风俗，素以尊君亲上，朴诚忠敬为根本，自骑射之外，一切玩物丧志之事，皆无所渐染，乃近来多效汉人习气，往往稍解章句即妄为诗歌，动以浮夸相尚，遂致古风日远，语言诞谩，渐成恶习。”

其实满人的“多效汉人习气”，倒是由最高统治者的皇帝做出了榜样的。顺治的礼接高僧、笃好禅宗可以不必说了，康熙、雍正也都是有甚深汉文化素养的皇帝，乾隆自己附庸风雅、到处留题的业绩更是突出，御制诗集就一刻再刻；请沈德潜这样的弄臣代撰诗篇，还痛恨他泄露了代笔的“机密”，终于在他身后还给以剖棺剉尸的处分。（一说是因为发现了沈德潜咏黑牡丹诗有“夺朱非正色，异种也称王”之句的缘故，那就是典型的文字狱了。）以如此欣赏崇拜汉文化的满洲皇帝来告诫族人不许沾染汉人习气，确是表现了一种怕被同化的危机感，但这种努力之终于无效也是不待说的。乾隆发现了鄂昌诗里的毛病，加以痛斥道：

> “今检其所作《塞上吟》，词句粗陋鄙率，难以言诗，而其背谬之甚者，且至称蒙古为胡儿，夫蒙古自我朝先世，即倾心归附，与满洲本属一体，乃目以胡儿，此与自加诋毁者何异，非忘本而何！”

胡字在清初诗文中是大忌讳，这样的失误是不能宽恕的。称之为“名教罪人”是应该的。自从雍正将这四个字送给钱名世以后，这是第二次出现在上谕中间。又传谕八旗，“令其务崇敦朴旧规，毋失先民矩矱。倘有托名读书，无知妄作，哆口吟咏，自蹈嚣凌恶习者，朕必重治其罪。”

清初厉禁护发，也就是留发不留头，鲁迅说的，“这辫子，是砍了我们古人的许多头，这才种定了的”。试翻一下清初人的诗文，有关剃发，是常常说及的，但却不见哪一件文字狱中曾涉及此事。屈大均因文章中有雨花台葬衣冠之语，乾隆下令两江总督确访其处，速为刨毁，结果空演了一场闹剧，不了了之，没有再深究下去。邓之诚《清诗纪事初编》屈大均条说："世传其遭禁由雨花台衣冠冢志，其实他文有关剃发者，若《藏发冢铭》、《长发乞人赞》、《秃颂》、《藏发赋》，皆为当时所万万不容者，愤激指斥之语，几于篇篇有之，未兴身后之狱，已为厚幸。"又说："乾隆一朝禁书，以翁山为最严，其恶护发，殆有胜于诽谤矣。"可见没有指出并不就是获得了宽容。屈大均身后曾两次牵入文字狱，"罪状"又如此昭著，但乾隆还是宽容了，对广东巡抚德保刨墓剉尸的请求，也批示"亦不必矣"。这是不免引起疑难的。清初的明遗民有不少人虽然言行都有明显反抗新朝的迹象，但生前身后都没有受到怎样的迫害，还由曹寅那样的心腹官员刻意拉拢，诗酒联欢，嘘寒问暖，这都是为了什么呢？举办有明显统战意味的博学鸿词科时，象征访天下遗书一样，尽力搜罗了没有出山的山林隐逸，可是有许多硬是不肯赏光，有的还随身抬了棺材来，以示决绝。对这些死硬的不合作派，皇帝也并未发怒治罪，还是让他们"白衣宣至白衣还"了，这又是为了什么呢？唯一合理的解释是：他们是上层统战对象，都是有影响有声望的人物，应付起来不能不格外留心。不像一些乡曲迂儒，落魄书生，可以放手治罪，杀一儆百。总之，一切都以奠定长治久安的局面为前提，杀人也好，优礼也好，都是出于同一目的。至于吕留良的不幸，是雍正选中了他做反面教员的原故。为了扩大影响，这样的靶子又必须是名人。于是吕留良在死了四十六年之后还是逃不掉戮尸枭示的命运。不过雍正在处理这一案时还是做足了姿态的。定罪之前，先要九卿翰詹科道、督抚提督两司各抒己见，详核议奏。这还不够，又降旨各省学臣询问各学生监，取具结状具奏。这样，处理一个吕留良及其家属，是费了不少手脚的，一定要取得“天下皆曰可杀”的公议，才最后定案。其所以如此不惮烦，也还是为了吕留良的声名。吕留良是以批选刻印时文和学塾读本为生的，那影响也真大，销毁了他的著作以后，边远省份竟使士子没有了读本，不能不赶印代用的新书，从这件小事，也可以看出吕留良在当日知识界的深远影响，雍正选了他做反面教员，不是没有理由的。

清初除忌胡字外，戎字也是大讳。山东的地方官从一个乡下读书人家里抄出了几部禁书，此外还发现所批的晋江统《徙戎论》，当做要案上奏，结果得圣谕，“斩立决”了。读书人在旧书上写些批语，发点议论，原是平常事，为什么会招来如此的严惩呢？首先是因为江统的文字，但他是古人，只索罢了，现在今人又来加批，称之为“意思深长”，这就不可恕了。按原奏所指罪名为“胆敢将今之回教，拟晋之五部，实属悖逆”。这其实并非要害所在，不过借题发挥而已。江统的原文结尾说：“以四海之广，士民之富，岂须夷虏在内，然后取足哉。此等皆可申谕发遣，还其本域，慰彼羁旅怀土之思，释我华夏纤介之忧，惠此中国，以绥四方，德施永世，于新为长也。”这里所议论的夷夏之防，正是清初的大避讳，以清之臣民竟自赏识这样的文字，自然是大逆无疑了。关于此案，乾隆在上谕中并无大段议论，其不宜明白宣示可想。不知《四库全书》中曾否收入江统此文，做过什么手脚，无论如何，不加删定是绝对不行的。这正是纂修四库书的一大难题。至于真的牵涉到少数民族的案子也是有的。乾隆四十七年广西抚臣拿获回民海富润，抄出回教书籍，虽“其中有无违碍，无从识辨”，但又断定是“僭妄狂悖”，当做大案奏请处置了。不料得到的是一通斥责，乾隆借此机会宣布了他的民族政策：

> “回民持诵经典，自唐宋以来早已流传中国，现在相沿旧本，在回民俱属家喻户晓，并无谤毁悖逆之语，则是回民之各奉其教，即与此时之僧道喇嘛无异，焉能尽罪其人而火其书乎？……如此矜张办事，殊非大臣实心任事之道。实属可鄙可笑。……若回教民人，各省多有。毋论西北省份，居住者固多，即江省一带，零星散处，其饮食作息，俱与平民相等，不过不食狗豕肉耳。如以传习经

卷，与邪教悖逆之书一例查办，则安分守法之回民，转致无所措其手足。”

乾隆在处理民族问题上，是清醒的。这次稳妥地处理了一宗侥幸邀功的奴才所酿成的大案，也借机重申了政策，案内诸人一律获得省释，但仍提醒臣小划清界限：“若因有此旨，遂致因噎废食，将地方实系邪教重案，亦籍词郑重，姑息养奸，竟致不办，则是误会朕意，不度事理，将来发觉时恐不能当其罪也。”乾隆很懂得恩威并用的道理，也担心经过一番斥责，奴才们会躺倒不干，说明他在处理此案的过程中，是清醒的也是慎重的。

〔**附记**〕萍乡文廷式《纯常子枝语》卷二有一则云：

“余于丙戌丁亥间与志伯愚侍读检翰林院存书，残缺奇零，百不存一。卷面皆书‘某人进本’，则当时并未发还也。宋元旧集所存略多。然每卷中多有拈签朱字，或书全篇删去，或书某句至某句删去，或书某字改某字（如虏字改敌字之类）。大抵违碍字句居多。然有不甚违碍者亦颇被删改，思之不得其故。后世校书者毋辄以明人刻本为误可也。”

这是亲见“四库底本”者的记述，不独可为库本删改涂抹之证，也可使今之迷信《四库全书》者头脑清醒，不至盲目崇拜，视为宝物也。

一九八七年复校后记

避讳的故事

研究避讳学的名著，有陈垣先生的《史讳举例》。其《清讳例》一节的小引说，“清之避讳，自康熙帝之汉名玄烨始，康熙以前不避也。雍乾之世，避讳至严，当时文字狱中，至以诗文笔记之对于庙讳御名，有无敬避，为顺逆凭证。”下面举出的实例，就有王锡侯的《字贯》案。乾隆不但教人们敬避本朝庙讳，还替汉武帝说话，命令四库馆臣将《北史·文苑传》中的“颉颃汉彻”改为“汉武”，真是管得太宽了，难怪陈先生要发出“使天下知皇帝之尊，百世下犹可为厉也”的慨叹。这样随意删改的结果，是给古文献增添了无数错乱，使读者头昏脑涨，但学者利用了这一病态现象，又可以考订史实真伪，断定历史时代，正是所谓有一弊必有一利的吧。

陈垣先生又撰《旧五代史辑本发覆》，极详密地揭露了四库馆臣在用《永乐大典》辑集遗书时所作的手脚。这也是解剖麻雀的方法，就一种书中的个别状况，可以据知其他辑本以及全部《四库全书》的整体面貌。陈先生此书分忌虏第一（虏改敌，虏骑改敌骑，虏改契丹，北虏改契丹，虏主改契丹主）；忌戎第二（戎改契丹，戎王改契丹王）；忌胡第三；忌夷狄第四；忌犬戎第五；忌蕃忌酋第六；忌伪忌贼第七；忌犯阙第八；忌汉第九；杂忌第十。不必细按诸例，只看这一目录，就可以领会当日四库馆臣是如何兢兢业业，唯恐失误的了。这种科学的检定是一大功德事，它可以破今人对“御览”、“御制”……一类书籍的迷信，至少可以提醒人们，在运用这些材料时要格外小心。例如：《古今图书集成》自然是一部规模庞大的类书，但为什么过去在学术界的身价竟如此之低，这“钦定”的一节不能不是一种原因。

雍正十一年四月上谕，“朕览本朝人刊写书籍，凡遇胡虏夷狄等字，每作空白，或改易形声，如以夷为彝，以虏为卤之类，殊不可解。揣其意盖为本朝忌讳，避之以明其敬慎。不知此固背理犯义，不敬之甚也。”宣称以后如不加改正，就要“照大不敬律治罪”。乾隆四十二年也有过同样意思的谕旨，这本来是清醒的实事求是态度，但聪明的馆臣是不敢相信的，还是照样做手脚。我有一部康熙壬子常州岱渊堂刻的《杜诗论文》，原刻初印，但诗语中却出现多处空白，如“（羯胡）事主终无赖，词客哀时且未还”，“汉朝陵墓对南山，（胡骑）千秋尚入关。”“东（胡）反未已，臣甫愤所切”，“黄昏（胡）骑尘满城”等括弧内字都一一“敬空”，正好为雍正的谕旨作注脚。在这种神经质的避讳中，正可看出隔阂与敌意，陈先生叹息说：“四库馆之开，清之据中国百三十年矣。士大夫之心理仍若此，此其故亦耐人寻思哉。”陈先生此书撰于抗战初北平陷敌之时，自然有他的寓意，但推广开来，也可以悟出一切忌讳的本意，大抵总是隐伏着抗拒至少是不信任的因子的。这种现象存留在明清易代的书籍中的很不少，有的是裁去了书名，有的用笔改写了作者的姓氏。如我所见的一部康熙刻的《南山集偶钞》，就是将“南山集”改为“南田集”，将“桐城戴名世田有”改为“戴吝槿田直”的。笔墨荒率，一眼就可以看出涂改的痕迹，如落入清廷胥吏之手，是绝难逃出审判官的洞鉴的，但藏书者不愿焚毁，秘密收藏，只加些小小改动，换得自欺欺人的安慰。书中还将“弘”字一律改为“宏”字，可见这正是乾隆中事。这一类带有明显文字狱阴影的幸存书本，是能格外引起读者的感喟的。

我还看到过明祁承㸁作的《澹生堂集》，崇祯刻本，是祁氏家藏的遗书，书中夷虏之类字样已经被祁氏子孙用浓墨一一涂却，有些字还能依稀辨别得出来。看那涂改的字样，与陈垣先生从《旧五代史》辑本所归纳出来的几乎大致暗合，这一删改是清初时事，可见数十年中习惯俗成已经成为一种“不成文法”。

叶景葵《卷庵札记》：“阅《遂初堂集》，初印本有与石濂书两通，四十卷本删去。而与粤东当事书，与药亭书，与与霖和尚书，均系诋毁石濂，却未删去。因与石濂书牵涉清世祖之语甚多，重修者惧罹法网，故去之耳。”这是从比较中看出避忌用意所在的好例。朱彝尊的《曝书亭集》刊于康熙季年，是得到曹楝亭的帮助刻成的，所以刊书风貌与《全唐诗》颇近。刻成不久，汪景祺的《西征随笔》案起，少后印的朱集即将景祺的名字割去。这是对校了汪景祺的诗集才得到确认的。

邓之诚《清诗纪事初编》王时翔条：

> “（小山诗稿）集中有读《大义觉迷录》诗已划去。雍正初，曾静之狱，诛戮多人，特宥静死。颁《大义觉迷录》于学官，令士子习之。乾隆初元，立诛静，禁止《大义觉迷录》流行，此书印于禁书后，故删此诗，忘去其目，遂留为禁书一段谈资耳。”

这种划却板片的情况，在清初人集中颇不少见。划去原文却忘记划去目录中有关条目的事固然不少，把目录删改得次序零乱，与原文对不上号的事也是有的。邓先生又在论史申义诗集时说：

“诗中划去查嗣庭、钱名世之名，而虞山、翁山不改。读史六首，咏吴三桂事，于永历不无恋恋，亦并存之。知雍正时忌讳，与乾隆禁书不同。”

这还是先刻集后剜改的例子，至于刻集于文字狱发生之后的，往往先已将原稿删改过，然后墨板，于是什么痕迹都看不见了。如查嗣瑮的《查浦诗抄》刊于雍正中，十二卷书中找不出查嗣庭的名字，也没有一点值得注意的时事故实，可以知道编集时的胆战心惊、栗栗危惧。又如李果是李煦的门客，关系甚深，可是他刻于乾隆中的《咏归亭诗抄》里却无一句涉及曹寅、李煦，使考订《红楼梦》和曹李事迹的学者大感失望。不像禁书的被禁于出版之后，它们都是被阉割扼杀于出世之前的。谈禁书时人们很少注意及此，其实这要比有形的文字狱更为可怕，简直无从估计它的后果的严重。这不能不使我们想起《红楼梦》旧抄本的“红楼旨义”：

> “此书不敢干涉朝廷，凡有不得不用朝政者，只略用一笔带去。……作者本意原为记述当日闺友闺情，并非怨世骂时之书矣。虽一时有涉于世态，然亦不得不叙者，但非其本旨耳。”

曹雪芹是在戴着枷锁跳舞。这一则凡例就是自卫的声明。他的多次批阅增删原稿，正在乾隆中文字狱搞得如火如荼的当口，就是在这样的环境与气氛的重压下，他才改去了“大明角灯”之类危险的字面，又删去了“耶律雄奴”这样的情节。忘记了曹雪芹是在怎样的政治环境下进行创作，是不能真正理解《红楼梦》的。至于八十回以后的“迷失”，恐怕多半也由于作者不敢拿出来传抄。在那动不动就要抄家籍没的时候，细写贾府的抄家败落过程，就是反映了当时最使人触目惊心的现实政治，曹雪芹不可能没有顾虑。他不能不预防这些充满了“碍语”的章节落在乾隆和他的奴才们手里的严重后果。这样看来，使杰作《红楼梦》终于成了断尾巴蜻蜓的只能是当时盛行的文字狱黑潮。

在已经有了创作自由与双百方针的今天，回头重新看看这些古老的故事，好像真的是“三代以上”的陈迹了。然而不然，痼疾不是一朝一夕所能痊愈，余悸也并非如禅家的顿悟一样可以一下子消除。作为一点余兴，还可以举出一二近事来看看。

齐鲁书社出版的《梦苕庵清代文学论集》编定于1982年，出版于1983年，其中一篇《近百年词坛点将录》是评论近代词人的。体例是先举出《水浒传》石碣中的一位头领绰号与姓名，然后指出那相应的近代词人来，下面是有关的评论。但其中的三位却写作“地贼星鼓上蚤时迁　黄□；地狗星金毛犬段景柱　赵□□；地耗星白日鼠白胜　梁□□”。他们都是“军中走报机密步军头领”，但有关的评论没有了。这颇有些特别，少加思索，就发现这里因避讳而略去的其实就是黄浚、赵尊岳与梁鸿志，都是抗战以后投敌的活跃人物，其中黄、梁两名后来都因汉奸罪而被处决。这样就可以明白避讳的原故了。

另一件是陈寅恪的遗诗。

1980年初版的《寒柳堂集》的“寅恪先生诗存”中有一首《丙申六十七岁初度，晓莹置酒为寿，赋此酬谢》，其腹联二句为“平生所学供埋骨，晚岁为诗欠□头”。编者下有小注云，“按诗中脱一字，以□代之”。同一首诗见于同一作者、同一出版社，同于1980年出版的《柳如是别传》的“缘起”中，这两句则作“平生所学唯余骨，晚岁为诗笑乱头”。并无脱字。直到1982年2月，《寒柳堂集》重印，这原脱的一字忽然不声不响地走回来了，作“晚岁为诗欠斫头”。

这虽然不过是近人、近作，却出现了如此离奇的幻景。《别传》中的诗不知道是寅恪先生的定稿还是别人代为润改，总之是大不高明，什么叫“唯余骨”，难道是说“平生所学”只剩下了几根条条杠杠吗？“笑乱头”更是不成话，也许是暗用东坡诗“花应羞上老人头”，可是情境却不合，只能是拙劣的篡改。好的是经过了两年时光，终于恢复了原貌，同时也说明我们的确是多少有了一点进步。

“朕屡经传谕，凡有字义触碍，乃前人偏见，与近时无涉。其中如有诋毁本朝字句，必应削板焚篇，杜遏邪说，勿使贻惑后世。然亦不过毁其书而止，并无苛求。朕办事光明正大，断不肯因访求遗籍罪及收藏之人。”

这是开始收缴违碍书籍时的情形。不过成绩一时并不理想，特别是江浙一带地方官办理不力，三十九年十一月又有谕旨，指出：“此等笔墨诋毁之事，大率江浙两省居多。其江西闽粤湖广亦或不免，因指名交各督抚留心查办。乃高晋、萨载、三宝皆覆奏称，查无违碍之书。今李侍尧等既从粤省查出屈大均诗文，不应江浙等省转无明末国初存留触碍书籍，岂高晋等办事不及李侍尧等之实力乎？抑江浙各藏书之家尚不能深喻朕意乎？”

这个压力很不小，江浙各省的地方官加紧卖力奉行了，许多藏书家也不得不将家藏书籍上缴四库馆，但我猜藏书家们在缴书之前，是曾经仔细拣选过的，送去的大抵是古书，而极少明清易代之际的作品，这些书也大抵平安地通过了，被收入《四库全书》，只是在重抄的时候，做了手脚，进行了删改抽换。但献书人大抵平安无事，而且各蒙赏给御制《图书集成》之类的奖品。所献之书也奉旨一律发还，但查出词义违碍的不在此例。据汪启淑《水曹清暇录》载，自乾隆三十七年开始征访以来，三年中共访得书13781种，而以浙江进呈者为最多，共4588种。可见经过一番斥责督促后，是收到了明显的效果的。

在纂修《四库全书》的过程中，又发生了以下事件：

乾隆四十一年，诏应毁书籍内有止须删改字句，不必因一二卷遂废全部。这就开了抽毁的例，也为抽换删改种种手法铺平了道路。

乾隆四十三年，查办了徐述夔《一柱楼诗案》。为徐作传的沈德潜也获得革去官衔、谥典，撤去乡贤祠牌位，扑毁祭葬碑文的处分。

同年十一月，又重申查缴违碍书籍的禁令，这次定了二年的时限，限满后仍有隐匿存留，从重治罪。显然与开始时的宽松态度大不同了。

乾隆四十四年十一月，令各省郡邑志书内如有登载应销毁各书名目及悖妄著书人诗文者，一概俱行铲削。禁网所及已经注意到了地方志，今天旧刻方志流传的稀少，与这次清理是不无关系的。

乾隆四十五年，令于野史诗之外，更注意于演戏曲本。这次网撒得更大，已经伸向俗文学领域，小说也随之受到严格审查。

乾隆四十七年，发现四库馆进呈原任检讨毛奇凯所撰《诗说》内，有字句违碍，总纂官没有签改，交部议处。

乾隆五十年，下令改正谷应泰《明史纪事本末》中吴三桂击走李自成事，指出击走李自成的是清军而非吴三桂。

乾隆五十二年，重校三阁《四库全书》，又发现阎若璩《尚书古文疏证》内引有李清、钱谦益诸说，未经删削，应将承办各员惩处。后纪昀奏，除认罪删改，陆续赔写外，并请将文渊阁所贮明季国初史部、集部及子部之小说、杂记诸书，自认通行校看，凡有违碍，即行修改。并知令文溯、文津二阁详校官画一办理，赔写抽换。从此修《四库全书》就开了抽换、改写的方便之门，除了经部之外，其余史、子、集三部无一幸免，遍遭蹂躏了。这就是鲁迅先生所说满清对中国著作的暗杀。

乾隆五十三年，令违禁诸书恐尚有留存之本，著各督抚严饬所属，悉心查缴，解京销毁。同年查办禁书最为起劲的浙江刊布了禁书总目，其中包括了乾隆四十七年四库馆奏进本；军机处奏应全毁书抽毁书；专案查办钱谦益等应毁书；浙江历年奏毁书；外省移咨应毁书五大类。这时的浙江巡抚觉罗琅有一通奏折，就是对乾隆谕旨的覆奏，说明自乾隆三十九年奉旨查办以后，中经两次展限，先后奏缴禁书二十四次。书538种，13862部。以后即未再缴，“浙江为人文渊薮，民间书籍繁多，实难保再无存留，乃近年以来，并无查缴，或系各属因限期已满，奉行不力；而藏书之家，亦因查禁稍懈，匿不呈出。均未可定。……臣现已通行各属，剀切出示晓谕，并督同司道府实力查办。酌委妥员，于各处书坊，不动声色，分头购觅……断不敢视为具文，日久生懈，亦不敢稍涉矜张，致滋扰累。……”即使如此，也还留下了不少漏网之鱼，使后来的图书馆、藏书家得以编出一部部禁书目来。

如果乾隆的兴大狱，搜禁书，也算得上一种“文化革命”，但比起二百年后那一场史无前例的“革命”来，可真是相形见绌，天差地远了。乾隆不敢也不能发动群众，依靠的只是一群奴才，即使是得力的奴才，也到底办不成如此伟大的“事业”。乾隆也长于抄家，但却不能不局限在被他抓住把柄的对象身上，没有普遍推行的气魄。这都是他的“局限性”。不过他到底是“前辈”，曾经做出过“光辉的榜样”的，因此今天无论如何也不该忘记这位“先行者”。

陈垣有《四库撤出书原委》一文，引用乾隆五十二年四月初二日档，说明撤出各书后填补空函办法，是很有价值也很有趣的掌故，是揭露《四库全书》删改抽补手法的原始记录。查出问题的书有李清撰《诸史同异录》，要点是“因书内妄称世祖章皇帝有与明崇祯相同四事，悖诞不经”。奉旨应毁，并将李清所撰其他著作三种一并销毁。又有吴其贞的《书画记》，“因书内所载春宵秘戏图，语多猥亵，奏明应毁”。另一种是周亮工的《读画录》，因诗内有“人皆汉魏上，花亦义熙余”，语涉违碍，奏请销毁。同时并将周亮工其他著作二种同时销毁。书既销毁，就必须补足空函，那办法是，“查得《四库全书》每分六千余匣，均只于匣面按次标刻第几函字样，其书则各自分部，不相联属，并无通身流水卷数，是以屡次奉旨添书撤书，皆可通融办理。此次所毁李清书四种《南北史合注》一种，系在史部别史类中，《诸史同异录》及《不知姓名录》二种，系在子部类书类中，此二种备抄之书尚多，均可按其时代，另检别种约计卷数多寡依次补入，不见抽换之迹”。还有一种《南唐书合订》，无可抽补，就用衬纸之法，塞满空函。

周亮工是著名文士，馆臣在《四库提要》中常常引用他的意见，这就带来了颇大的困难，改撰提要，挖改原书，为了一字一句，要花很大的弥缝功夫，留下了破绽，为读书心细如发的陈垣先生一一指出，使真相大白于今日，成为纪昀等玩弄不光彩手法的铁证。凡此种种，都证明着一件事实，《四库全书》是经过大手术的一部大丛书，其可信赖性也即科学性是大可怀疑的。使用时必须时加小心，最好的方法是能找到未经做过手脚的古本原本，如果能够得到的话。多年来就有影印《四库全书》的动议，但因以上原因学术界是并不赞成的。如果真能影印出来，自然是一部新古董，也有它的文献价值，不过其实用性是大可怀疑的。

传世禁书目录较早的刻本是姚觐元的咫进斋本，已经是光绪中出版的了。但在很久以前就在读书人中流传着种种抄本目录，所收禁书也多少不同，有的是传抄的当时官方簿册，可见在很早以前，即乾隆禁书后不久就已出现了著录。他们大抵是留心掌故的有心人，对这场大灾难抱着深切痛恨的感情。抄存禁书目，这在当日无异于暗藏着变天账，其危险并不在收藏禁书之下。但到底还是流传下来了。姚觐元就据以付刊。他在跋尾中说：

> “方今圣人在上，稽古右文，百无忌讳。各行省书局宏开，博采旁搜，典籍大备。士生宽大之朝，或亦妄识禁忌，因就其所得，详著于篇。于以见国家功令，所以维持风教者在是，而为目录之学者，于艺文掌故，亦有所

考焉。”

这是一通涂上厚厚一层保护色的官话，如果细看是可以看出那言外之意和惴惴之心的。这就不能说他纯粹是为了艺文掌故，也就并非完全是学术性的了。姚觐元作跋时是光绪八年，已经到了清末，统治者这时已经没有余力管这些闲账，社会上各种不同思想一时蜂起，其主流则是排满的民族思想。果然，再过三十来年，就又有了《国粹学报》的排印本，是作为民族革命的匕首投枪而出现的。以后又有商务印书馆和大东书局本，一直到海宁陈乃乾扩编的索引式的《禁书目录》出，才转而成为书坊和藏书家不可少的参考书，起着商业性质的作用了。随之而来的是禁书在旧书市场上的大涨价，使买书人叫苦不迭，不过也因此而使深藏密锁了几百年的禁本重新露面，使孙殿起得以辑成一册《清代禁书知见录》，宣布了乾隆禁书政策的破产，同时还有一册《外编》，所收都是明明有可禁之由然而逃却了法网的“遗珠”，更进一步证明了当日雷厉风行的禁书运动的粗疏、马虎和奴才们的偷懒和无能。

禁书目中有一小部分在书名下附有审查意见，读起来是很有趣的。从中可以悟出被禁的原由和审查标准。所用词句虽然有千篇一律之嫌，但也不时出现有趣的妙文。总计起来，用得最多的官话是“词涉乖谬”、“语有偏驳”、“殊为谬妄”、“俱有违碍诬妄语”、“语极狂悖”、“语有干碍”……从口气的宽严可以推测原书内容，也可以看出考官的面色。此外，金堡、钱谦益、屈大均、吕留良等人姓字是不能提的，更不必说是加以推崇了。岳飞的事是不能说的，宋高宗同样也该回避。给明郑贤辑《古今人物论》的评语是：

“内顾充《宋高宗论》，柯维骐、王世贞《李纲论》，屠隆《宗泽论》，张静峰《张浚论》、《秦桧论》、《郾城大捷诏》，陈敬《书生叩马论》，俱有偏谬语，应请抽毁。”

这就是说，南宋和战问题不能谈，抗战派与投降派一律不许议论。明于慎行撰《读史漫录》，其中“金兵将薄汴”一条，“自古国家成败”一条，“高宗初立”一条，“高宗主和”一条……“俱有偏谬之语，应请抽毁”。许诰撰《霞城集》，因“《闻道关门》四首当系指俺答入边事，而措语偏谬，应请抽毁”。此外，《岳墓诗》和《岳王绘像歌》，《武昌府重修岳忠武祠碑记》这些文字也不许有。可见一切涉及民族矛盾的内容都是不能容许的。至于诗文中有“意寓感愤”

的，也都在抽毁之列。绞索已经套住了人们的思想感情，不仅限于客观存在的历史事实了。

对于南明史，禁忌就特别多。《了凡纲鉴补》因“其记载明末唐桂诸王，多用其年号，且中多触悖语句，应请销毁”。《国书》因“内称福王为赧帝，又称唐王为隆武帝，均极悖谬，应请销毁”。《比玉楼诗集》中有“福王为天子南渡”的话，明人沈氏所作《思贻堂集》，内称崇祯为先帝，都被看做大逆不道。明张铨《国史纪闻》卷九有叛降朝鲜一段，是揭了清朝先世的老底，当然应予禁毁；《开疆奏疏》“皆逆贼吴三桂自四川入黔滇时所上奏疏，未便存留”。这都是销毁史料的例子，标准是是否对清朝的统治有害。

凡是文字狱中人物的著作，不问内容，一律全毁；凡在书中提到钱谦益、周亮工等人姓氏或有其序跋评语的，也一律销毁。沈德潜的《国朝诗别裁集》，初刻于乾隆二十四年，因卷首选有钱谦益诗，几乎惹出大祸。后来由翰林院诸臣动手删定重刻，铲去了钱诗，换上了慎郡王诗，并在书名上加上“钦定”二字，才重新准予发行。全书也由三十六卷缩成三十二卷。沈归愚的诗选到今天仍为不少人奉为标准读物，多次重印，但知道最初问世时的故事的怕不多了。乾隆皇帝的余泽，到今天也并没有消失，人们还在“钦定”范本的指导下思索，欣赏着温柔敦厚的诗教，这是不能不使人发出苦笑的。

禁书小记

清朝的禁书，过去有一个时期曾经是图书馆和藏书家极力搜求的对象。为此，当时旧书店出版的目录上就特别标出哪些是禁书，不言而喻，价钱也特别来得贵，往往不是一般读书人所能到手。这里说的是抗战前后的情形。一直到解放之初，旧书的身价一落千丈，大秤论斤，好像只有塞进还魂纸炉的资格时，人们才再也没有了心思来讲究什么禁书。近来翻阅几种禁书目录，发现其中有些熟悉的名目，都是过去曾经遇到或偶尔买得的。历劫之余，书架上居然还剩下了几种，于是就取出来一一翻阅，对照当时查办禁毁书籍人员所加的按语，留意那犯忌的处所，好像也多少能看出"圣意"与审查官员的心思。这些又大抵是明清易代时人的著作，自然也保存着一些值得珍重的史料。诗文也各有特色，显示着一代文风诗风的面目，这些都是在文献价值以外值得着眼的地方。又因为到底少见了，作为板本书也有加以记录的必要。因作《禁书小记》。

《南山集偶钞》

《南山集偶钞》，“桐城戴名世田有撰，受业尤云鹗编次”。康熙壬午刻本。半页十行，行廿一字。前有方苞序，宿松朱书序，辛巳人日受业尤云鹗跋，又目录。全书计收书十首，序四十二首，记二十一首，传二十五首，论三首，说四首，杂著五首。白口，左右双边。板心中记篇名及写作年份，每篇页数各为起讫。每类前各起大题。其中有一处书名已为后人用墨笔改为“南函集”，作者名字也涂改为“戴吝槿由直”，应是《南山集》狱后事。

《南山集》案是康熙后期有名的文字大狱。官书及野记都称之为《南山集》狱，其实指的就是这本“偶钞”，是尤云鹗就平日所藏抄本百余篇付刊的，仅当全集五分之一。刻成十年而狱起，官方据此论罪，并非另有《南山集》一书。

戴名世是康熙四十八年一甲二名进士，与方苞齐名，都是兼做古文和八股文的名家。康熙五十年，副都御史赵申乔揭发书中违悖之处，指的就是“偶钞”卷首的一篇《与余生书》。余是介绍曾为永历中宦者的犁支和尚叙述滇黔间事给名世的人。原书说：“而吾乡方学士（按指方孝标）有《滇黔纪闻》一篇，余六七年前尝见之。……学士考据颇为确核。”这就触犯了清廷的大忌，康熙在御批中说，“案内方姓人，俱系恶乱之辈，方光琛投顺吴三桂，曾为伪相。方孝标亦曾为吴三桂大吏，伊等族人，不可留本处也。”又说，“方登峄之父（方兆及）曾为吴逆伪学士，吴三桂之叛，系伊从中怂恿；伪朱三太子一案，亦有其名。今又犯法妄行，方氏族人，若仍留在本处，则为乱阶矣。将伊等或入八旗，或即正法，始为允当。”可见在康熙看来，此案因有作《滇黔纪闻》的方孝标卷入，又有族孙方苞为《南山集偶钞》作序，与三藩事件联系起来，就觉得格外严重了。其实戴名世在《与余生书》中还有许多有关明史的议论，也是清廷不能容忍的。戴名世说：

> “昔者宋之亡也，区区海岛一隅，仅如弹丸黑子，不斋时而又已灭亡，而史犹得以备书其事。今以弘光之帝南京，隆武之帝闽越，永历之帝两粤、帝滇黔，地方数千里，首尾十七八年，揆以春秋之义，岂遽不如昭烈之在蜀，帝昺之在崖州，而其事渐以灭没。近日方宽文字之禁，而天下所以避忌讳者万端，其或菰芦山泽之间，有仅

仅志其梗概，所谓存十一于千百，而其书未出，又无好事者为之掇拾流传，不久而已荡为清风，化为冷灰。至于老将退卒，故家旧臣，遗民父老，相继澌尽，而文献无征，凋残零落，使一时成败得失与夫孤忠效死、乱贼误国，流离播迁之情状，无以示于后世，岂不可叹也哉！”

戴名世在这里为南明争正统，倡议修南明史，想发动明的遗民遗臣收集史料，纂辑成书，总结一代得失成败的教训，即使是书呆子的白日梦，在清统治者看来到底是危险而不能容忍的。更何况戴名世又错误估计了形势，天真地说什么清朝的文字之禁已经放宽，更是不折不扣的梦话，其必然碰到统治者的刀尖上，是毫不奇怪的。戴名世又表示，他“于明史有深痛”，有纂修明朝全史的雄心，在收集史料的问题上也对清廷的修史进行了指摘：

“前日翰林院购遗书于各州郡，书稍稍集。但自神宗晚节，事涉边疆者，民间汰去不以上，而史官所指名以购者，其外颇更有潜德幽光、稗官碑志，纪载出于史馆之所不及知者，皆不得以上，则亦无以成一代之全史，甚矣，其难也。”

这里所触及的正是极为敏感的，为清朝千方百计回避、讳饰的历史。在民间倒是清醒的人多，并不天真地遵命将藏书献出，可见大家都明白，万历以后明与后金的关系是碰不得的禁区。而戴名世却直截了当地点出了，虽然在官文书中不曾明确指出，无疑这一节也是他致死的重要原因。

关于文集的刊刻，戴名世在给好友刘大山（岩）的信中曾有说及："今年冬，有金陵门人欲锓仆古文于板。仆古文多愤时嫉俗之作，不敢示世人，恐以言语获罪，而门人遂以彼所藏抄本百篇，雕刻行世。"可见作者本人也不是没有警惕的。刘岩在戴名世案内也受到牵连，据康熙五十一年刑部衙门奏："编修刘岩，虽不曾作序，然不将书出首，亦应革职，佥妻流三千里。"后来得到宽大处理，减去死罪，但流放充发是不免的。刘岩的文集《匪莪堂文集》是清光绪中才刻行的。诗集名《大山诗集》，五卷，康熙后期刻本，不入禁网，但诗中怨望之处是很不少的。如《读苇间集》，是纪念故友姜宸英作，就有"呵壁无从诉此冤，悲填胸臆愤张髯"之句。《哭家西谷侍御》诗说："我罹文字祸，不敢歌大招"，更是对自己的身陷《南山集》狱表示了抗议，而且公然说出"文字祸"来，这在当时是极为罕见的。幸运的是没有被发觉，罪上加罪。只此一例，也可见当日文网虽密，到底还不曾剔除净尽，不能说不是失败了。

戴名世和刘继庄（献庭）、王昆绳（源）都是好朋友，在《送刘继庄还洞庭序》一文中称赞刘“不从事于科举”是“真能读书者”。说刘“尤留心于史事，购求天下之书，凡金匮石室之藏以及稗官碑志，野老逸民之所记载共数千卷，将欲归老洞庭”。认为刘是修撰前朝史事的同志。戴名世对明代史料的关心无时无地不有所表现。《天籁集序》是为康熙刻白朴的词集所撰的序文，已不见于原书，想来也是由于避忌而抽去的。序中说：

> “顷余有志于先朝文献，欲勤为一书。所至辄访求遗编，颇略具。而今侨寓秦淮之上，闻秦淮一二遗民所著书甚富。当其存时，冀世有传之者而不得，深惧零落，往往悲涕不能自休。死而付其子孙。余诣其家，殷勤访谒，欲得而为雕刻流传之。乃其子孙拒之甚坚，惟恐其书卷之流布而姓名之彰者。呜呼，祖父死不数年而其子孙视之不啻如仇雠，其终必至于磨灭。……”

从这里透露的情况可以看出，在政治压力下，人们是怎样的战战兢兢，深藏密锁，不愿将有关明清易代史事的著作付之刊刻。戴名世痛骂这些不肖的子孙，不考虑现实政治条件，固然不免偏激，但从另一个侧面也揭露了文字狱的罡风，不但斩杀了大量已刊的著作，更扼杀了也许更多的文稿，使之胎死腹中，其践踏文苑的凶残业绩，更是应该予以充分的估计的。

戴名世还为弘光遗臣王养正立传，盛赞其抗清死难，虽然遇到“大清兵”字样提行以示尊敬，但立场却鲜明地站在烈皇帝、安宗皇帝（弘光）一边。在《吴江两节妇传》结末的赞语中，又借机大骂投顺的二臣：

> “吾尝读顺治实录，知大兵之初入关也，淄川人孙之獬即上表归诚，且言其家妇女俱已效国装。之獬在明时，官列于九卿，而江淮之间，一介之士，里巷之氓，以不肯效国装死者，头颅僵仆，相望于道而不悔也。……”

今天人们都熟知清初因薙发而丧生惨痛故事，却不大知道因通令换衣冠也曾造成惨重的牺牲。戴名世在另一篇著名的《画网巾先生传》中就记下了薙发令下后发生的悲壮故事。文章开始就说：“顺治二年，既定江东南，而明唐王即皇帝位于福州，其泉国公郑芝龙阴受大清督师洪承畴旨，弃关撤守备，七闽皆没。而新令薙发更衣冠，不从者死。于是士民以违令死者不可胜数。”可见剃发与换装是连在一起的。在叙事过程中，对洪承畴、郑芝龙的批评倾向更是显然。他几乎不放弃任何机会来发抒故国之思，在另一篇《郭烈妇传》的赞中也说：“嗟乎，海岱之间，自明时多公卿贵人，冠盖相望。及易代之际，左公梦石而外，卖国叛故主者多矣。而女子之以节烈著者，颇时时不绝也，岂不异哉！”借封建主义男尊女卑的大帽子，痛斥卖国投敌的公卿贵人，正是戴名世思想的一条主线。

《南山集》案最后的处理是：“戴名世从宽免凌迟，著即处斩，方登峄、方云旅、方世樵，俱从宽免死，并伊妻子充发黑龙江。此案内干连人犯，俱从宽免治罪，著入旗。”只杀掉一名主犯，比起乾隆朝的文字狱来还要算是宽大的。入了旗的方苞，后来赦免了，还写进了“满汉名臣传”，成为桐城派古文的开山人物，则更非少年时与之齐名的好友戴名世所能料及的了。

案戴名世尚有《忧患集偶钞》一种，亦列入禁书目，刊刻体式与《南山集偶钞》全同。后附《孑遗录》一卷，康熙四十年宝翰楼刻本。《南山集》则未见原刊著录，只于清末用活字排印《南山全集》十六卷，题“戴潜虚田有撰”；又有光绪十六年木活字本，亦十六卷，改题“桐城宋潜虚撰”。

《峤雅》

清初刻本。“明福洞邝露湛若撰”。半叶八行，行十五字。每半叶双套边，刊刻甚精。版心下有“海雪堂”三字。卷首大题下有小印云“字字离骚屈宋心”及“族来孙邝瑞重镌”一行。前有皖雾灵山人阮自华大字隶书序，小像，自赞，“石巢诗话”一则。后附“文部”，尾叶题“峤雅卷之二终”，似此书为二卷，但《千顷堂书目》称八卷，大概是连同诗类分体别起大题一并计算的。

邝露，广东南海人。明诸生。隆武时召为中书舍人，唐王败死，赴桂林。永历中入翰林。后奉使还广州。清兵攻城，城破抱所宝琴赴水死。看他的生平经历，诗集中自然多的是感事伤时之作，不必审查就可断定应予禁毁了。但军机处奏进的禁书目中却有详细的案语说明：

> “查《峤雅》，明邝露撰。中多空白，以文义核之，皆指斥之词。露虽于大兵入粤时抱琴死节，然在明末受业于阮大铖之门，最相契厚，为其狎客亦最久。诗中所称石

巢先生，即大铖也。其死与明末逆案诸人之死相似，仅足自盖其愆，未便因此而存其诗，应请销毁。再此书卷首剜去卷数，似非完本，应行令该督抚再查。”

这里所指的就是同一刻本，卷中空白，也一一俱在，卷首小印所引诗，见王渔洋《论诗绝句》：“九疑泪竹娥皇庙，字字离骚屈宋心。”据此，刻书当在顺康之际了。审查案语中借阮大铖大作文章，把邝露打入逆案，作为应予销毁的理由，倒是别出心裁的论法。其实诗集中处处都是违碍词句，原不必拉上阮大铖定罪的。七古《花田饮陶十一白郎》诗后附注云：

“是年燕都已陷，吾粤游舸不减昔时。南都初建，志士多绝裾之游；而尸素巨公，燕巢飞幕之上。黄才伯云：‘越女不知摇落早，涉江犹唱采芙蓉’，信然。”

《赵夫人歌》小序中“迎驾邕宜”、“西迓乘舆”等都指的是永历帝，都照例抬头。诗中起首处有“自矜娇艳无双质，嫁与将军北射□。□骑冯陵风雨急，金陵铁锁何嗟及”。两个空白字都是“胡”字。诗末附记说：“永历二年闰三月十五日，东粤始复冠裳……”又有咏张家玉侍郎的《二臣咏》，诗后小注更详细记述了张抗清前后业绩，死节始末。邝露始终是奉南明正朔的，称明军为“王师”，与“清军”相对应，而感事伤时的词句更是随时流露。在禁书中间，可以算是十分标准的一种了。

阮大铖的“诗话”中对邝露评价极高，说“湛若诸律，以曹刘鲍庾之才，降就沈宋之法。如驱八骏，折旋于蚁封之上，故韵流于苏李，而酝酿深于辋川、襄阳。超百粤而孤出，陵三唐而特奏”。可说推许备至。《峤雅》中与大铖投赠之作不少，也并未删去。阮的《咏怀堂诗》前有“岭南门人邝露序”。略云：“饮明堂在邹之醇，割西园南皮之腴，弹压六代而砥柱乎柴桑。其协律之什，伯玉翕焉禅纯，摩诘圣焉禅智，三唐无其匹也，况下此者哉。”而结以“诵其诗，知其人，庶几可以论世”。邝露不但高度评价阮大铖的诗，同时也肯定了他的为人，此序撰于崇祯十年前后，正在阮髯因珰案下台隐居读书之时。此序意在为阮髯翻案制造舆论，是显然可见的。这就使鲍以文在《赤雅》前序中不能不说，《赤雅》书前“旧有怀宁两阮序引，削而不录，惧为先生辱也。先生少尝师事大铖，崇祯间为阮序《咏怀堂诗》，称门人某百拜。（按，此不确，以文可能没有看到阮集刻本）洎阮罗织东林，乃贻书绝交，侃侃千言，可与侯氏《壮悔堂集》一书并传。予友陈君同舟，曾于金陵市上见之，惜乎不获附此书以行也”。鲍以文的这些话代表着读书界的一般意见，与军机处的审查意见的出发点几乎是一致的，不同的是一个想为之辩护，一个则是借此作为销毁的理由而已。

经钼堂文稿杂著

康熙刻本。曹炎藏书，后归稽瑞楼、旧山楼，二百年来未出虞山。开卷为杂著两种：①《半茧园十叟图诗》，前有二泉居士（叶奕苞）序，凡十图，对页各有题咏。②《醉乡从事图传》，前亦有二泉居士序，也是左图右文。其后为《金石小笺》二卷，属“昆山叶奕苞九来著”。又“文稿”。最后为附集，计收陈其年《半茧园赋》，姜宸英《小有堂记》，施闰章《春及轩记》，葛芝《下学斋记》，归庄《偎然堂记》，彭士望《归云阁记》，除开任《半茧园记》，李良军《三友园记》，顾苓《扪虱庵记》，魏禧《经钼堂记》。

叶九来是清初著名藏书家，叶文庄菉竹堂的后人。这一册书和后面所附清初著名文士的文字，都是昆山一郡极好的地方史志资料。刊刻精雅，体式不一，看来是刻于不同时期而汇为一集的。九来还有诗稿八卷，杂诗及诗余五种，也是康熙刻本。未见。但就这一册杂著文稿看，内容多半是考订金石旧史之作，看不出有什么违碍之处，不知何以竟得到“荒诞悖逆，语多狂吠”的评语而列入禁书。文稿中有一篇《赠白生璧双序》，倒是为吴梅村《琵琶行》诗作笺的好资料，其中提到了崇祯遗事，不无兴亡之感，也许就是碰到清朝痛处的所在，但无论如何也找不出“狂吠”的痕迹，也许只有天生特别嗅觉的人才能辨析得出吧。

“白生之先吴人也。徙家南通州，凡五世。祖父挟琵琶游塞上，生独好游江南，亦挟琵琶以行。先是太仓吴学士遇白或如于王太常之南园，闻琵琶称善，或如为学士进新曲，乃明崇祯帝十七年间事。叙述乱离，嚎嘈凄切，至于泣下。……学士赋六百二言，亦曰《琵琶行》以赠之，而或如名益重。戊戌夏访予蚕园，请奏所谓新曲者，一再弹，满座怆然。予不忍其终曲，朗诵学士《琵琶行》以乱之，而或如亟称生之技更善，或如者生之叔也。盖生之祖在湄，从塞上将士授数十曲，皆山坡羊小令。生独得清商杂调于旧才人，曾侍玉熙宫宴者，故其技益进。”

文章后半论南北伎乐好尚的变迁，更是有意义的记录，而感慨牢骚也就从这里出来了。

“予因有感于江南盛时，金陵吴趋余杭之里，门第相望，鼓钟不绝。所奏伎乐皆尚吾邑魏良辅所定之昆腔。若琵琶者，以为北方之乐，屏而不御。故生之祖父技虽胜，仅从塞上游，势使然也。然十余年来，生与或如以其技游于南，南之人忽好之，识者以为天地之气于是变矣。自北而南，因足信也。无何而向之门第相望者，迁为戎营，夷为牧圉，而鼓钟不复作焉。呜呼，高岸成谷，深谷为陵，吾生三十年中，盛衰递见，何止白生祖孙父子间乎？”

戊戌是顺治十五年，上推十余年正是甲申乙酉之顷。作者这里的感慨是明显的。也许这就是触犯禁忌的要害吧。不过同样作了《琵琶行》的吴伟业的运气则要好得多，《梅村集》中说及明清易代史事的地方更多，故宫禾黍之感也在在流露，但全集只抽去了钱谦益的一篇序，终于保存下来了。“军机处奏准抽毁书目”中对《梅村诗文集》有以下的说明：

“此种系国子监祭酒吴伟业撰。伟业诗才俊逸，卓然成家，曾蒙皇上御览褒咏。外省只以其与钱谦益并称江左三大家，因而牵连并毁，实无干碍，应请勿庸销毁。惟卷首有钱谦益序一首，书一首，仍应抽毁。”

同时顾有孝选的《江左三家诗钞》，也只抽去钱龚二家作品，《梅村诗钞》三卷特许存留。这些处理办法都是得到皇帝批准的。是不是曾经御览赏识就可以从宽审理呢？也未必尽然。看来这中间总还有些不大好直白说出的原因。

《国史纪闻》《嘉靖以来注略》

《国史纪闻》十二卷，天启刻本。九行十九字。题“巡按江西监察御史沁水臣张铨辑，男锦衣卫指挥同知臣张道浚订，门人巡按山西监察御史江宁臣徐扬先校”。前有万历四十八年张铨序，天启四年徐扬先序。

禁书目著录，附注说：“其卷九内有叛降朝鲜一段，应请禁毁。”查原书，这是天顺三年已卯（1459）的记事：

“建州夷酋董山叛，降朝鲜。

“董山潜结朝鲜，受伪制，为中枢密使辽东。巡抚程信调得其制书，疏请乘其未发，先诘之，可伐其谋。上遣给事中往朝鲜，锦衣译者往建州。两酋初不肯承，出制书示之，皆惊服谢罪。”

这是早期的东事记录，也是《国史纪闻》全书中仅见的记述。原书记明历朝史事，起元至正十二年朱元璋起兵濠州，迄正德十六年。书中所记边事，大抵都是西北诸边攻守的史实，虽然奴虏字样常常出现，但到底于满洲无关。只有这一条记下了建州先世的史迹，不但称之为“夷酋”，而且揭露了叛降的事实。这自然不能不成为避忌销毁的口实。其实张铨本人就是亲身参与了东事的，最后死在辽东。徐序说：“方忠烈（张铨）之感慨东事，新置大帅也，抗疏非之。未几，一一如所云。举朝神其识。神祖命往监军事。忠烈不以台资谢，单骑受代。今上初年，臣已忝同台，尺一才通而辽溃之报旋至，忠烈之惨旋闻。”张铨万历四十六年官御史，曾上疏论辽东战守形势，募兵选将诸事。四十八年张铨又上疏奏谏，“国家之乱，皆起于民穷财尽，履亩加赋。七厘未已而九厘，穷民何以堪此。大内积金如瓦砾，而发帑之请，叫阍不报，加派之议，朝奏夕可。岂财为皇上之财，而民非皇上之民邪？”（《五朝注略》卷十二）在当时的台谏中可以算是敢说话的。

张铨随即被命巡按辽东。天启元年三月，“奴酋率众渡浑河，首犯沈阳。按臣张铨先下令迁降夷于城外，贺士贤不从。将士凭濠而守。贼驱土填堑，我兵连发炮热，装药即喷。贼遂蜂拥过濠。城内降夷应之。……沈阳遂陷。”后来清兵直薄辽阳城下，“李永芳遣人请降，（袁）应泰许之，命竖受降旗于城上。……应泰张铨与分守何廷魁，三人坐城东楼；铨谓应泰曰，‘坐公尸居游魂，致我无成事而死。’应泰曰，‘公无阃外责，尚可退守河西，泰不才，当死于此。’铨下城，应泰举火自焚。……铨为贼执送李永芳。永芳曰‘跪我，我官汝’。铨斥曰，‘反贼耳，何官！’永芳令驱之城外斩之。数日间，金、复、海、盖州卫，悉传檄而陷贼”。

以上是从《五朝注略》中辑出的有关张铨的事迹。这《五朝注略》也是清代的禁书，禁书目题作《嘉靖隆庆万历天启四朝注略》，漏掉了“泰昌注略卷十二”，可见疏略。禁书目小注云：“查《四朝注略》系明许重熙撰，内第七卷以至十四卷，诋斥之词甚多，应请销毁。”说得正是事实。这书不像《国史纪闻》，七卷以下几乎没有一叶没有有关辽事的记载。我所见的一本是山阴祁理孙的藏书，崇祯刻。半页十行，行二十字，白口单边，题“太学生臣许重熙编次，右春坊臣许士柔参订”。卷首版心下有“秣陵高文所刻”一行。前有“旧史臣董其昌序”，崇祯六年吏部候选监生臣许重熙《嘉靖以来注略》序。

在崇祯初年就已编刻了直至天启末的当代史，可见明人纂修私史的积极。董其昌在序中说：“臣间尝睹嘉靖朝有若大政、编年、识余、闻见诸录，万历朝有若笔麈、邸抄，泰昌天启朝有若日录、从信、纪政……皆可为纪述之光。”可见当时私史之多，不过到今天除了《嘉靖大政类编》第一二种外，都极少传本了。

董其昌又说：“臣其昌谓史之难，难在近事。”“故末世以史为讳，讳于近也。”这确是深知此中甘苦的话。他又称赞此书“可以破讳近之疑，可以镜治朝之概”。也不是泛泛的溢美之辞。

以上两书都是山阴祁氏的遗藏。《国史纪闻》前有“家在鉴湖之滨”朱文长印又“竹中小隐”白文方印。通体蓝笔点阅。应是祁彪佳居父承㸁丧时所读书，与所点阅《两朝从信录》为同时读物。彪佳有手稿《万历大政类编》，其原始素材就是取于《从信录》等书的。这部《五朝注略》则是祁理孙的手批阅本，卷首有墨书两行云：“藏书楼午后课，乙未四月二十日开卷，布衣臣祁李孙记。”乙未是顺治十二年，作为明的遗民，在天翻地覆之后，仍闭门读书，究心前朝史事，而且特别留心卷中有关辽事的记载，用朱圈一一于书眉注出，这些后来就都辑录在稿本《东事始末》中。祁理孙的注意所在正好与查办禁书诸臣是不谋而合的，虽然他们站在截然相反的政治立场上。

检阅各种禁书，不能不推这《注略》是名符其实、质量极高的样品。现在只少举数例：

"奴儿哈赤杀其弟速儿哈赤，并其兵，复侵兀喇诸酋。"（万历四十年十一月）

"奴酋僭号后金皇帝，改元天命。"（万历四十七年五月）

"奴酋发伪榜招降，诟侮无状。"（万历四十八年三月）

"辽抚袁崇焕奏逆奴求款情真。"（天启七年二月）

"六月，奴寇宁远。诸将凭城御之，炮伤奴兄召力兔。奴兵解围退去。经抚阎鸣泰、袁崇焕，各奏厂臣先事绸缪之功，总兵赵率教奏称，仰仗魏忠贤妙算……有旨，厂臣秘谋秒算，屡建奇功，奴胆已寒，灭之有日。"（同年六月）

当辽东兵事紧急之时，正是魏忠贤等气焰熏天之日。欺上瞒下，敷衍塞责，终于弄得不可收拾。经过上下的一齐努力，总算使明朝弄到亡国。这一切在七册《注略》中是斑斑可考的。祁理孙在十多年以后，还念念不忘想总结败亡的经验教训，那愿望是真诚也是可哀的。就在他闭门读书之际，发生了大狱，弟弟班孙遣戍辽左，祁氏也因此破家。虽然史家都不视此案为文字狱，但实质上正是同一类型而发生较早的一起大案。因此这两种晚明的当代史著作就在禁书之外又有了独特的文献意义了。

《秋水集》

集十卷。勾吴严绳孙撰。康熙雨青草堂刻本。半页九行，行十九字。版心下有“佚亭”二字。卷一至八“诗”，卷九、十“词”。前有叶方霭序，吴绮词序。当尚有朱彝尊序，未刻入，见《曝书亭集》卷三十七。

江宁布政使刻“奏缴咨禁书目”中有督部堂萨饬知无锡金匮二县查缴禁书三种。严绳孙撰二种，此《秋水集》外尚有《明史列传》。另一种是绳孙子严泓所撰的《青梧集》。

严绳孙是纳兰性德的好朋友，自然也和权相明珠有着密切的关系。《秋水集》中不但收有和纳兰唱和的诗，也有和张见阳、秦松龄、姜宸英、顾贞观、徐乾学等往还的诗篇，他们都是一个政治集团中人。后来明珠罢相，政局一变。绳孙此集之列为禁书，看来当与当时政治斗争有关。至于集中诸诗，除了偶有牢愁之句外，实在也看不出有什么忌讳之处。卷六收应制及侍从引见诸作，都极尽恭谨，“平滇恭进诗”前小序更是提行抬头，卑辞颂圣，可以算是恭顺的典型。翻书时遇见这种地方，总免不了感到满身的不愉快，好像看到在电影中描写旧时代某些大人物出场，甚至只是在说话中偶然提到，人们都要立正致敬的光景。《秋水集》中有这些应制颂圣的诗篇，却终于逃不脱禁网，实在是可笑又可悲的。

严绳孙的诗写得不坏，自然感怀身世的作品要来得更有特色，但如果追求起来，也是可以作为“怨望”的实据的。如《某园》一诗：

“十年桑海倍煎心，草色名园不可寻。攲柱倚风移旧绣，断垣经雨见遗簪。山僧礼数支门急，江燕惊猜避客深。惟有青山如昔日，不能重上上头吟。”

这里所咏不知是谁家园林，总之是不便明指。诗是游苏州时所作，如拟为海宁陈之遴的拙政园应该也是可以的。同时又有《灵岩呈继大师》一诗，是写给继起弘储的，腹联云：“兴亡满眼今何夕，去住无心我未僧。”说得尤为显露，表示了与逃禅的遗民同样的心情。《秋日杂感》一组诗中，也处处有着兴亡之感：“近说东南多战垒，车书回首几时同”，“总是兴亡千古地，莫教潮汐送闲愁”，“试看明月三分夜，犹有箫声杂鼓鼙”，“侧足横流群盗在，乾坤何处有吾庐”。《杭州杂感》四首，有“纷华何处说先朝”这样的句子，又说“指点凤凰山上路，不堪萧瑟起边愁”，说“乱离时节懒经过”，应该都是绳孙少年时的作品，在入京以前。“君看沧海横流日，几个轻舟在五湖。”（《自题小画》）可以代表作者这一时期的怀抱志趣，与入都以后浮沉政海的心情是大不相同的。卷六《集朱竹坨同年寓斋送留仙前辈》一诗，当作于康熙二十三年松龄因顺王乡试事下狱放归之顷：

> “此夕亦良宴，胡然歌路难。故人先我去，霜月是愁端。别酒那可尽，世情真倦看。十年徵逐意，留梦到长安。”

这就直白地述说了对十年中间京师宦海生涯的厌倦，可以作为绳孙后期诗作的代表。果然，卷七开卷就是《春日蒙恩予假南归》诗，其中如“吴牛避热先愁喘，宋鹢冲风且退飞”，“去来我亦无心者，何必从人定是非”，都是同一心情的抒写。其第三首云：

“抟飞端不到青雯，高足都看几要津。遮莫吾今先丧我，由来臣少不如人。官同王琰贫来久，世识嵇康懒是真。文酒故交云雨散，梦魂相望落花春。”

明珠、纳兰身边的人物风流云散了，绳孙经过了十年风浪，终于悟出自己并非政治斗争中合格的竞争者，但也还不免流露出一种哀怨。绳孙南归后又有粤东之行，留下了不少诗篇，有《酬梁药亭次余南归诗韵见送之作，并简别陈元孝屈翁山吴山带诸子》诗，其“驽骀北望宁无恋，乌鹊南来已倦飞”句就还不能忘情于京师，正是所谓名心未尽。不过这诗是写给陈恭尹和屈大均的，按照禁书条例，只要书中出现这些人的名字，就有了同样禁毁的命运，也许这就是《秋水集》列为禁书的理由之一吧。

查·陆·范

三百二十年前的康熙初叶曾经掀起过一件著名的大狱——“庄氏史案”。一部私家刻行的明史著作被告密者挟嫌向皇帝告发了，接下去就是查抄、捉人、杀头。被处极刑的一共有七十多个。出版家、列名参校者，刻工印工订工送板人，买书人和卖书人，连同他们的亲属朋友，一个也逃不掉。这是一个严厉的信号，不久，规模庞大的文字狱就开始了。关于此案，当时没有人敢记下始末经过，只能在有关的文字中多少提到一鳞片爪。直到清代后期才有人出来搜集故事，辑录遗文。例如：傅以礼所辑的《庄氏史案本末》就是其中之一，而且已由上海古籍书店据抄本印行了。不过出版者并没有指出编辑者的姓名，也没有说明作序的已翁就是周星誉。

刻一部书，请许多名人来列名参校，这是晚明直至清初的流行风气。原意不过是借此壮大声势，提高身价。这和今天许多刊物的请名流作顾问的用意差不多。认真参加了编辑校定工作的是极少的，多半只是挂个名。这样因列名参校而被杀的就格外显得冤枉，如著名的文士吴炎、潘柽章等就是。不过同时列名参校的却有三位逃过了这场灾难。他们又都是有极高声望的学者、文士：查继佐、陆圻和范骧。怎么会幸免了的呢，是因为事先检举了的缘故。这是许多记事一致肯定的说法，不过只是一句话，没有细节的说明。只有当时当事人才能知道其中的底里。这样的著作今存的有两种，其一是陆圻的女儿陆莘行的《老父云游始末》，已经傅以礼抄入《庄氏史案本末》；另外一种则是范骧的儿子范韩所撰的《私史纪事》。多年前偶然得到了这书的稿本，是一本毛订的册子，卷首属“七十有二范韩魏公谨述”。有“范韩之印”、“魏公”、“寄情处”等三方印记，书名原是《史祸纪事本末》，后来作者用朱笔改过了。卷中有朱墨笔改定甚多，最后是作者的手启：

“壬午（康熙四十一年，一七〇二）冬十二月，太史毛大可先生顾余荒斋，细讯南浔史事，余一一详言之。先生年高，不能记忆。后为友人作叙，见其前后遗忘，年月失次，殊为可惜。今年春王正月，吴庆伯先生命令子过索史难始末，余恐当代名人，不知其中觋缕，徒为好事者粉饰其词，敬直书之以质诸高明长者，恳鉴而分明辨别之，七十有二老人范韩拜启。”

看这手启可以知道史狱发生后四十多年来，人们口耳相传，已经产生了许多异说与议论，这是史狱惨酷的直接后果的附产物，在被害者身边所产生的影响，一直扩散开去，从江南直到全国的知识界。在凛于清廷的淫威之余，必然会在内部产生种种微妙的矛盾。死难者被人们看做为国殉难的义士，偷生者自然难免不受到种种揣测。查、陆、范三人并未过目原书，怎能在案发之前忽然发现了危险，抢先自首，而在严刑酷法之下竟自幸得宽免，这是不能不引起人们的疑惑的。受不住舆论的压力和内心的谴责，终于弃家出走的陆丽京（圻）的遭际，就足以说明这种矛盾的严重性。黄宗羲在《思旧录》里有一段记事：

“陆圻，字丽京。鲲庭兄也。为文长于俪体，乱时避至东浙，馆于吾家。言‘当此兵戈载道，无不闭门听难，而宾客满座，盗贼不犯者，惟朱湛侯与黄氏两家耳’。庚寅同宿吴子虎家，夜半推余醒，问旧事，击节起舞。余有怀旧诗：‘桑间隐迹怀孙爽，药笼偷生忆陆圻。浙西人物真难得，屈指从云某在斯。’史祸之后，丽京以此诗奉还云：‘自贬三等，不宜当此，请照月旦。’其后不知所终。人有见之黄鹤楼者，云已黄冠为道士矣。”

这里记下的正是陆圻矛盾、痛苦的内心活动。范韩记：

“（庄）廷钺续刻伊兄钺之《纪事本末》，参阅姓氏二十一人。首列查伊璜先生，次即余父，又次陆丽京先生。……壬寅（康熙元年）冬史祸发，奉旨二十一人皆凌迟，期亲斩。男十三以下，妻女并没入为奴，法无赦。曷以得邀皇恩幸免也，以检举在先故也。刻书，刊参评，常事也。曷以知其有祸而检举焉？得故人周栎园先生语余父曰：‘偶见庄氏书，载闯逆入宫，有禅表，下注龚鼎孳手笔。’且言：‘合肥（龚）慕大范老子久，以未获一识为恨事，望速检举，日后好相见也。但为首查某，为人反复，勿使知可耳。’”

原来发觉庄史存在问题的是周亮工，而问题所在只不过是开罪了龚芝麓。检举也只是为了留下后来与龚见面的余地，根本没有看出更严重的毛病。可见当时一般人对庄史的认识也不过如此。

查伊璜因为是参校的第一名，所以已先提部候审，陆、范也在壬寅冬题解北发。《纪事》记从杭州乘船北上情事甚详。这稿本后来曾经陆圻弟堦的曾孙宗楷读过，在好几处加了眉批。如《纪事》记范韩入都后“二月初旬，晤丽京父执之弟梯霞于前门，相见失色。拉余至静处，聆其言，语语秘密，心悸气动，似一刻不能存住京师者。谆切相告：‘范陆二姓，至我两人而斩。急速逃避海滨，觅一村妇，延两姓嗣续，勿愚，徒留京师，待缚尔，噬脐无及也。’余答曰：‘汝弟兄也，或可以不相顾而自为谋；余人子也，义与父同生死。誓叩九重，图申救于万一。’梯霞含笑而别。”

在这一节的书眉，有墨笔批：

> “史祸作时，梯霞公单骑入都，竭力营救。寒门子姓，同籍生全。即查范两宗，亦获同舟之助。迨丽京公发南质讯，梯霞公束身自缚，亲投宪辕，监禁在狱。恩纶既沛，省释同归。魏公造作无影之词，玷污孝友，亦天理所不容矣。宗楷笔。”

是不是“无影之词”，很难断定了。但这节对话，好像又不是可以造得出来的。在专制的淫威之下，受难者的心理状态在这里表现得典型而生动，正是难得的记录。“纪事”记北行舟车行旅种种情状，也是十分难得的，是钦犯押解的实录。记后来陆、范押解南归，有一节说：

“次早，余父乘西骡，余与二仆，驿骑随行。（天主堂汤若望先生，有旧差官姓致殷勤，为余不惜重价雇西骡，为南归之用。）黄沙白草，冷月酸风，或三站，或二站，西骡安稳异常。……而陆老人有二仆一弟，卷其行李资斧，遁去不顾。只身鞍马，雨雪之日，难堪细述。且囊橐无金，解官辈惟利是视，有何道义，不无窘辱耳。此皆弟仆为之也，其又何尤。”

在这里，又有书眉批语：“丽京公被逮时，有张仆在逃一事。然左右有人，不至十分狼狈。至一弟云云，更为可骇。梯霞公原非同行，此外已系南狱。此等记载，含血喷人，适以自污其口矣。宗楷笔。”

这一节与后面记周亮工与查伊璜的凶终隙末，都可以看出士绅阶层之间的矛盾，因史狱或通南一类事件的刺激，更趋复杂、激化，是值得加以注意的。

查伊璜的免祸经过，在《纪事》中没有记录，传说是得到了两广水陆提督吴六奇的援救。而查吴的遇合又是很有点传奇性的。有不少人曾记入笔记，是流传较广为人们所熟知的故事。

至于庄史成为“秽书”的主要原因，范韩也有较为详细的说明分析，为他书所不详。

“客曰，庄氏刻史书，罹灭族之幸，知而为之，抑不知而为之乎？……余曰，庄钺之弟廷钺，婢出也。钺知弟轻佻，不克绳祖业。自谋为不朽之事。乃购朱氏史稿，寿之梨枣。沽身后名。朱氏稿至宗朝，绝无忌犯，其一代良史也。不意庄钺刻至大半，双目失明，继以疯疾死。廷钺拥兄数十万之资，骄侈无状。日与年少相游戏，置此书高阁矣。下路书船，往来门下甚伙，无知好事之辈怂恿刻完此书，与坊间水客兑换书籍，将来其利不穷。廷钺于是延名流严云起等十余人，续成是书。夫所谓名流者，取媚于主人，道古今而誉盛德，入耳而不烦。且博弈，斗叶子，朝夕欢呼饮酒。或酣醉无聊，不平有动于心，迅笔直挥；或怨恨思慕，胸中触发所至，落纸如愿，罔知所忌，肆其狂言。廷钺蒙昧无知，是非莫辨，计字每千酬金三十两，竟成是书。其为荒谬草率可知矣。壬寅冬，史难发，奉旨，谕承审大人及督抚，问书内赞扬故明、毁谤本朝，是何情由，着严刑夹讯。呼太祖为某子，是何情由，着严刑夹讯。呼尚王耿王为尚贼耿贼，是何情由，着严刑夹讯。呼本朝为后金，是何情由，着严刑夹讯。共八条，其四条，年久，余忘之矣。庄廷钺、严云起等以兹召祸，盖自取之，此其尤大彰明较著者也。”

这里所记的正面“罪案”大抵是确实的。明清易代之际风起云涌的私史著作，也大都具有这些特点。查伊璜自己就撰成了一百零二卷《罪惟录》，原名《明书》，经过庆氏史狱，始改今名。据考证，他是从史狱放还以后埋首数年最后成书的。不像陆丽京那样一走了之，却冒着大风险，继续闭门完成了这部巨著，他真的是对着干的。这部稿本的得以保存下来，最后印入《四部丛刊》三编，也不能说不是一个奇迹。

书买得后曾匆匆看过一下，觉得所说的故事过于阴冷了，遂掩卷不愿再观。三十年后取出重读，却有一种新的印象，深感历史遗存负载之沉重。自五四以来，多少仁人志士曾向封建主义猛烈开火，轰轰烈烈地闹过一阵子，不幸半途而废了，终于还是反得不彻底，留下的病根时时发作，有时还变本加厉，闹出连前辈英雄都想不到或不敢想的花样来。最近看到一种意见，说是五四运动全面打倒了历史传统，彻底否定了中国文化。负面作用大大超过了正面价值。不禁产生一种疑问，难道我们反封建的工作真是做过了头了吗？这真是怎么说才好呢？

一九八五年十一月十七日

“光棍”的诗集

叶名沣是晚清一位不甚知名的藏书家。他的《敦夙好斋诗续编》是胡心耘用木活字排印的，流传很少，书中有很多游海王村的诗，都是有价值的有关琉璃厂的史料。例如这一首：“曾仿渔洋绘载书，十年前事渺愁予。补亡未许酬三箧，积富今难说五车。暇日逍遥东郭履，归来啸傲长卿庐。海王村畔怀游侣，大似黄公旧酒垆。”诗后原有小注：“谓徐星伯、刘燕庭、梅伯言诸丈，与名沣同有购书之癖，琉璃厂辽金时地名海王村。”

这正是介于李文藻《琉璃厂书肆记》与缪荃荪《续记》之间的厂肆史料。名沣字润臣，是叶志诜的儿子，叶名琛的弟弟。平生只留下了两部诗集和一本谈《易经》的小书，另外就是《桥西杂记》，身后由赵之谦收拾，潘祖荫付刻。他的藏书好像都留在杭州，身后陆续散出。直到二十多年前还偶有发现。他好像并不重视宋元旧刻，只留心搜罗精善稀少的清代刻本，眼光颇高，从一些遗藏中可以看出。我曾得到过几种，虽然只不过是乾嘉以后的刻本，但都是可读并有文献价值的。这里想加以介绍的张绣虎的集子就是其中之一。

《白云集》十七卷，乾隆刻本。题“钱唐张贲绣虎氏稿”。前有乾隆壬申陈撰序，顺治庚子（十七年）钱谦益旧序。目录前钤有“汉阳叶名沣润臣甫印”白文小方印。书由元孙大绅校刻，刻得并不精，可见张家后人家境是窘迫的，但到底将这部遗稿刻出来了，又幸而逃过了禁网，也没有什么人称说。《贩书偶记》著录，归入“雍正至乾隆”时期，那是看了陈撰的刻书序的原故。其实这是应该列入清初的。

张绣虎这名字很熟。看文集，知道他是被发遣到尚阳堡去的流人。又查孟心史的《丛刊》，果然发现了他的事迹。在《科场案》的“顺天闱”一案里，张绣虎的名字列于案犯的最末一名，原拟的处分是“应立绞”，不过皇帝发了善心，谕旨说：“但多犯一时处死，于心不忍，俱从宽免死，各责四十板，流徙尚阳堡。”不过在这之前，早已将考官和中式举人等七人正法了。这就是有名的丁酉（顺治十四年）科场大狱。

科场案不过是考官受贿、举子登科的常见老套，心史先生指出："至清代乃兴科场大案，草菅人命，甚至弟兄叔侄，连坐而同科，罪有甚于大逆。无非重加其罔民之力，束缚而驰骤之。"则是与过去不同的。用这方法挑起汉族士子之间的矛盾，加深人们对科举的陷溺，达到"天下英雄入我彀中"的目的，乃是这一政策的重要核心。心史先生的看法是尖锐、深刻的。

张绣虎的罪名是"挟诈"，《东华录》里没有记，别见于《丁酉北闱大狱记略》：

> "苕溪贡生张汉，素戆骏，以别有隐恨，剪发刻揭，投送科道衙门四纸。嘉善蒋文卓亦写揭，匿名遍传。又有杭州贡生张绣虎，原系光棍，拐妓逋寓京师，惯为拿讹扎诈之枭，从中鼓煽恐吓，藉张蒋二人为囮，诈得张、李二房考银一千二百两。"

这虽然是野记，但也并不一定是谣言。那么贡生怎么会变成光棍的呢？这在同书里也有很好的说明："乃贡士为四海九州拔尤而进之首善以观光者，故非父兄为高官，则家内称殷实；非游缙绅以博名称，则挟诗文，结坛社，以相恐吓。屯聚群嚣，人人自以为探囊高魁，唾手折桂。盖关节路径，尽人而然，恬不为怪。”

张绣虎是杭州巨族张氏的后裔，从明代嘉隆以后，历世做大官，正是所谓簪缨世家。这些世家子弟的出路不外在家享乐与进京赴考，把这两者结合在一起的就是上面所说的那种情形，其尤恶劣者就变成了光棍。在当时这是一种普遍的现象。文士之有才能的大抵都留下一部诗文，一些“佳话”，后世的读者只看到他们文酒风流的一面而不知其真实底细，往往造成许多误会。这时就需要读一些敢说真话、记事实的文字，对破疑解惑是很有好处的。

《白云集》一开卷就编入了五篇《策略》和《广人才》、《核军实》、《均役赋》等论文，正如陈撰序中所说，都是有关世教，厉风俗，“陈理指事，胸储而筴画”的文字。从晚明以来，读书人论政的风气大盛，至今还留下不少选家编定的总集，煌煌巨制，读起来使人气闷，原因是空话多。但张绣虎则不同，他很揭出了一些晚明社会的弊端，提出过一些救时的方法，虽然不免好作豪言壮语，其实还要算是个清醒的明白人。例如对八股文，他就多次表示了不满。

“萃天下之精神智虑，而毕力于科目者，盖二百四十余年矣。习俗至深，虽有豪杰之士，十九俯首而习章句。”又说，“自今制科取士之法，幸稍异其体制，而变通于八股之外。”这些话今天看来平常，在当时则是判断一个人糊涂与否的重要标准。他对“祖宗成法”传统观念的态度是，应该重实而不重名，反对像王安石那样的“以周官治宋而宋乱”的复古倾向。他说，“夫衣食者，生人之大命也。今语人曰：‘而衣必方领而食必木豆也，非是则饥寒以死也。’则必拂然去之，无肯昵就明矣。天下有其名甚美而其实不适于用者。是亦方领而木豆也。”同时又指出“乃上求而下莫之应，上以实意求而下以虚文应。是天子愈变法而卒不收变法之效”。简练地勾出了崇祯一朝的政治实际。他把这些看法系统地总结在一篇七千五百字的长文《拟上怀宗皇帝书》里，他明明知道，“臣之言者，皆陛下左右贵近之所忌，而在廷诸臣之所不乐闻也，必共起而杀臣。……而言苟利于国家，臣之死荣于生。”这样一篇文字，终于未能递上。李长祥说：

> “岁甲申，先生怀书欲上。会鼎湖已成，为之痛哭。……今读之，三百年盛衰之由以及丧亡之故，无不毕具。岂非一代大文。”

这个评论是公正的。这是晚明士大夫阶层中的清醒者对朱明一代做出的政治总结。没有空话，一切从具体事实出发，是地主阶级的忠臣孽子可能做出的最好总结。但这却出于被公认为一名光棍的作者之手，这一事实本身就说明了一个时代的悲剧。弥漫于《白云集》全书的，差不多就是这类知识分子的痛苦的控诉与哀号。

张绣虎的交游，也就是所谓“声气”是很广的。卷二收《上史公（可法）言江防书》、《与钱大宗伯（牧斋）论修史书》（两通），都是长篇。此外往还通讯的还有龚鼎孳、周亮工、顾与治、阎尔梅、方以智、李长祥、吴兆骞等人。龚鼎孳的好客是有名的，从张绣虎给他的一封信里，可以看到当日许多结客的故事，都是有趣的资料，可以使我们明白一位贰臣达官与遗民和大知识分子之间的关系。《上大司寇龚公书》是在关外戍所所寄，目的是想求龚加以援手，自然理应大颂功德，可是他偏偏要议论对方结客的得失，并时时发出怨言，甚至要挟，处处流露出光棍的脾气。他说：“先生扬历士宦，于今三十年，尝以济世活人为心，则今之官正先生得志行道之日也。宜乎薄海上民，逮于犴狴缧绁、赭衣黥面之徒，喁喁望泽曰，‘龚公其活我乎’。……独是先生生平好结客，东南名士被先生礼遇者数十人，其稍有名誉为时所称，待先生举火者，数千百家……先生相生平所结之客，死后可传者几人？东南名士，互相推引，以虚誉相高，其学问无可称述。……一旦不戒，奄然婴寒疾以死……然则彼黄土间鳞鳞藉藉，移杂粪草之中者，皆是物也。”这简直是当面指斥龚的徒重声气，不能识人，骂倒一群显出自己。仿佛不答应他的请求，那就难免如传言所说，“或曰，先生结客多泛交，爱博而情不专也。或曰，先生好友不如己者，其生平所与倡和皆远出先生之下，则先生乐与之交。先生好士如叶公好龙，然好夫似龙而非龙者也，非能好真龙也。”这正是典型的师爷笔法，甘言与恐吓并用，不过效果并不好，他终于未能借彗星地震之变带来的大赦机会，入关生还，也许龚鼎孳当日读了这封信，哭笑不得，只好置之不理的吧。

可以与此信并观的是《与阎孝廉书》，阎尔梅也是有高名的明遗民，与张绣虎、丁野鹤同得龚鼎孳援救脱罪，但在张绣虎眼中，简直是个披着狂放外衣的无耻之徒：

“足下亡命二十年，人皆谓足下死矣，而足下名满天下，山林草泽之士，无不知沛县阎先生者。当今鲁仲连其人也。足下即不死，饥寒困顿，晦匿姓名，以终天年，是足下虽不死亦千古也。……已而大司寇公招仆饮酒，足下巍然居上座，叙故旧，款洽如平时……足下饮酒必醉，醉必达晨，歌呼怒骂，座上人人厌避，门外童仆男女鼾齁卧，而足下兴益豪，歌呼怒骂益甚，司寇公礼益恭，所以敬事足下益至。自是旬日必三四聚以为常。是司寇公之好贤，得足下之狂益见，足下善于成司寇公之名，岂为过哉。”关于阎尔梅的故事，山阳鲁一同曾辑有《寅宾录》，好像也不曾见到此信。想得个好士的好名声，也真不是容易的事，这些名士原是不好伺候的。张绣虎接着说：

“足下自此飘然远引以终其身足矣。乃仆出都门，足下流连司寇公所不肯去。值司寇公乞假归葬其亲，足下从司寇公渡河，历中州，至金斗，周旋会葬之客，既毕事，复从司寇公渡淮，道山左，至京师。絮絮陈乞不休，呜呼过矣。足下即不自爱，何乃至是！……先生岂以日暮途短，为子孙饥馁计耶？”

戴枫仲《游崇善寺记》中也有关于阎尔梅在龚鼎孳席上情状的记事，和这里所说差不多，可见这确是当时的实况。王渔洋也很看不起阎，说他不懂七古音节，世人不过只为其气岸所夺而已。不见这些旧记，我们就难以知道事实真相，以为遗民都高雅得了不得，其实是大错了。

《白云集》中还有不少有关辽东的记事，如《长白山记》《宁公台记》《东京记》《宁古台新城记》《康打犴记》

等，都是地志中的好资料。自十一卷以下是诗部，其中一小半是入狱、发遣的纪行诗，描写戍所生活的诗。悲哀凄苦，也可以说是记流人生活的诗史。流人吴汉槎在北京西曹同系时即有诗相赠，在戍所又有倡和的诗文，为他写了《吴汉槎诗序》，今本《秋笳集》里不收。序中有这样一段话：

“已而余蒙难下司贬，吴生亦被诬，明年遇于讲室，出所为诗纵读之，日夕联床，极论古今诗体格。……海昌陈相国从而和之，令幼子子长日听绪论，以为取法。是时公侯卿士，颇多从壁上观也。”陈相国是陈之遴，后来也是遣戍辽左的。《白云集》卷十五有《辛亥（康熙十年）元日在徙所作》一诗，有“万里初来才作客，五旬昨过又逢春”句，可以知道初戍的时间和作者生年，张绣虎大抵生于天启元年。

汪景祺遗诗

——跋《读书堂诗集》稿本

偶于书肆架上抽得旧写本二册。黑格，版心题《读书堂诗集》，上下卷，不著作者姓氏。前有朱彝尊（康熙辛巳）、毛奇龄、章藻功、张大受四序；又吴廷桢、王誉昌题词。以书手风气及纸墨断之，写成殆在康熙中，为清写待刻稿本。归来遍检《曝书亭》《西河》《匠门书屋》诸集，皆不收《读书堂诗集序》，甚可怪异。偶忆故宫博物院《掌故丛编》曾刊《读书堂西征随笔》，为钱塘汪景祺撰，疑此诗集或亦汪作。乃发箧摊书，并细绎原集，排比证定，终得确知此即汪景祺集也。为之大快。其间琐琐，可资谈助。因为跋之。

按：汪景祺，原名日祺，字无已，号星堂。浙江钱塘人，户部侍郎霦之次子。礼部主事见祺之弟（见祺字无亢，康熙己丑进士），康熙五十三年举人。雍正二年游陕西，以书干抚远大将军年羹尧。年得罪，抄没。浙江巡抚福敏、杭州将军鄂弥达搜年家，得汪所撰《西征随笔》上之。其原奏略云："臣等公同搜查年羹尧内室并书房，橱柜内书信并无一纸。随将伊家人夹讯。据供，年羹尧于九月十二日将一应书札尽行烧毁等语。及问年羹尧，供词无异。臣等再加细搜粗重家伙，于乱纸中得抄写书二本，书面标题《读书堂西征随笔》，内有自序，系汪景祺姓名。臣等细观，其中所言，甚属悖逆，不胜惊骇。连日密访其人，至十月十六日如知汪影祺即钱塘县举人汪日祺。……"此景祺即日祺见于官书之明证也。雍正朱批云："若非尔等细心搜查，几致逆犯漏网。其妄撰妖辞二本，暂留中摘款发审。尔等凡经目睹之人，当密之，勿得泄露。"（《雍正朱批谕旨》）是福敏等搜得《随笔》，深获雍正奖誉，然亦戒之勿得轻泄，是《随笔》所言，必有大违碍处，使雍正为之痛心疾首也。原书被封锢于懋勤殿箱中，二百年后重显于世，雍正题册首云："悖谬狂乱，至于此极。惜见此之晚，留以待他日，弗使此种得漏网也。"切齿之声，似至今犹清晰可闻。

萧奭《永宪录》记"汪景祺伏诛"云："景祺康熙癸巳举人，雍正二年至胡期恒任所打抽丰。因得交年羹尧。……律以大逆不道立决枭示。妻子发黑龙江披甲人为奴。期亲兄弟叔侄革职，发宁古塔披甲人为奴。编修汪德荣、汪受祺与焉。……景祺之妻，巨室女也（一云，大学士徐本妹）。遣发时，家人设危跳，欲其清波自尽，乃盘跚匍匐而渡，见者伤之。……”如记年羹尧九十二大罪，其三为：“汪景祺《西征随笔》，见者发指。羹尧亦云曾经看过。视为泛常，不行参奏，大逆之罪三。”又秀水沈叔埏集云：“会丁未，浙人以汪党之狱，诏停会试。”（《书椒园臬使所作族兄沈泰叔传后》）丁未为雍正五年，查者查嗣庭也。是为此案始末及后果一二。其在当时，固一极尽残酷之大狱。不徒身遭大辟，罪及妻孥，旁及亲党。即浙江一省亦牵连而停会试，影响可谓深巨。知此，始可恍然于朱、张诸集之削去序文，而景祺相与唱酬极密之查德尹（嗣瑮，嗣庭之弟）《查浦诗钞》中绝无一字及无已，其故亦从可知矣。

原书不题撰人姓氏，然有数证，确可知其即景祺之作。《放歌行》有句云：“岁在壬子十二月，汪生忽到人间来。”知作者自道姓汪，又生于康熙十一年壬子腊月，下推至雍正二年，正五十三。《西征随笔》前序云：“余今年五十又三矣。”序撰于雍正二年，恰合。又《随笔·诙谐之语》条云：“癸未八月，余出都门。宗人份字武曹，士鋐字文升，瀣字荇洲，绎字玉轮，楼字安公，醵分相饯。家无亢兄庚戌生，玉轮兄辛亥生，安公兄与余俱壬子生而月份少长于余。玉轮指余曰，无已壬子生，安公似小一岁。”此条道作者身世甚悉，亦可为显证。

此集诗之有纪年者，始于康熙三十六年丁丑除夕，迄于四十年辛巳七夕，前后所收凡六至八年中作。又无已先曾刻集八卷，见集中呈竹垞诗。章藻功序亦言：“卒读全编，合观六卷。”大受序更云：“刻所著诗七卷成。”凡此，殆皆旧刻三十岁以前诗。忆《北平图书馆善本乙目》中曾著雍正刻汪日祺《读书堂诗集》，疑即前刻之本。又集中有哭朱文盎诗（垞子），又存康熙庚辰湖上陪竹垞、西河两先生游宴诗甚富，按之《曝书亭集》，一一俱合。《曝书亭集》卷二十，有一题云：《八日汪上舍日祺招同诸公夜泛五首》，其“日祺”二字，稍后印者往往铲去，是皆印于雍正三年以后之本。又竹垞曾向汪氏假宋元史籍，赠谢诗云“临当分手寺门别，重为借书倾一瓻”，亦不见竹垞集中，殆亦因壁忌而削去者。韩菼《有怀堂集》有《读书堂四世合稿序》，初集、前、后、正集诸序尚存，其后更有一文，全部铲去，目中尚存“读书堂”三字，或亦无已著作之序，今惜不可知矣。文网之密、避忌之苦如此。

此二卷诗中相与往还朋辈有尤侗、骆时亮、吴山抡、王露湑、胡元方、顾圣求、徐虹亭、钱治人、庄书田、查德尹、吴尺凫、许不弃、顾侠君等，皆一时名彦。其胡元方即守藩秦中名期恒者，《西征随笔》首列“与胡别驾遵王字”即其人也。与无已为旧友，此集中多存往还酬唱之什。胡名列年党第一，然竟未论死。江都程梦星《蠹余集》前有期恒序，撰于乾隆丁卯，时已七十七岁老人矣，别号“复翁”，殆以纪念幸脱年狱也。丁卯上距年狱之起，已二十二年，期恒流寓扬州，与程午桥 、马嶰谷、半查兄弟等花月同游，把酒赋诗，不可谓非厚幸。梦星有《寿复斋》诗，略云：“先生才望震宇内，亦复多忌遭迍。忠能格主乃见白，诏许请老归田园。放情丘壑事游燕，时借诗酒全其天。”云云，可见期恒晚节一斑，惜其何以脱难终不能详。

无已诗颇不恶，有奇气。置于清初诗人中，亦当是一作手，章藻功序称其“出语必惊，愤激穷愁”，与《随笔》自序所谓“自问生平，都无是处，忆少年豪迈不羁，谓悠悠斯世，无一可与友者，骂坐之灌将军，放狂之祢处士，一言不合，不难挺刃而斗。……世人皆欲杀，其信然矣”者，皆可为汪诗注脚。有《舟次虞山过牧斋先生故居》四绝，中有故实，因摘录三首，以见一斑：

影堂深树雨萧萧，苔闭重门久寂寥。管领眼前新俎豆，不堪回首望南朝。

廷野争传谢傅名，出山可是为苍生？疏桐叶落空阶月，疑是尚书旧履声。

燕许文章屈宋才，岂无麦秀黍离哀。余生且缓须臾死，为录成仁事实来。

末首有小注云："先生有《成仁录》，载死事诸臣甚详。"其于牧斋亦不无微词，此亦清初人泛常议论，无己之得罪则殊不因民族意识也。《随笔·周锺项煜之死》条云："闯贼于三月十九日破京师，煜于四月十八日至金陵，福王称伪号……"是不独仇视自成，且视南都小朝廷为伪朝，是固奉大清为正统者。《随笔》中多记吏治、考选故事，虽多刻露之语，然初意亦不过为新朝画策耳，然竟以此遭显戮，殆非始料所及矣。其最触目者，当为下列一诗："皇帝挥毫不值钱，献诗杜诏赐绫笺。千家诗句从头写，云淡风轻近午天。"此等语安得令皇帝见之而不发怒乎！

孙殿起尝撰《清代禁书知见目录》，所著凡千百种，皆禁网所及，或存或毁之册。为版本目录学之绝业。此戋戋二册书，不徒得漏清帝之网，且为孙君所不及见，岂不大可珍重耶？遂不惮缕缕记之如此。

癸卯岁暮

谈禁书

不记得是谁曾经说过，“雪夜闭门读禁书”，算是人生一乐。我想这是说得不错的。要选一个下雪天，还得是晚上，外加关门上锁。这样的典型环境实在刻画得好，没有切身体会，怕是万万想不出的。

因此读禁书也就被赋予了一重浓重的神秘色彩，寥寥七字，包含的内容实在丰富得很。

溯本穷源，发明了禁书的手段并严格付诸实施的还是不能不首推秦始皇帝。这以后就有很长一段时间继起无人。虽然提出“图籍之厄”，烧书的事确曾不断发生，但那大都是战乱之间不问青红皂白一把火通通烧光，与嬴政的有目的、有纲领、有明确规定而且著之律令的焚书还是不能同日而语。禁书与文字狱发生关系，较早也较著名的是宋代苏轼的“乌台诗狱”，清代的张秋水有《眉山诗案广证》，就是专论此案的。张鉴的《冬青馆集》里收有许多有关南明史事的论文，他生于嘉、道之间，正当清代中叶文字狱盛行之后，他的特别关心宋代诗人苏东坡的命运，应该不是没有缘故的。

清代的乾隆皇帝，确是遥遥继承了秦始皇的传统，并后来居上的。论手段、论规模，也都远远超过了他的前辈。单是“禁毁书目”就先后修了几次，成书若干册。“禁书”成为一种通行的术语，也就从这时开始。不过有清一代，人们明明知道这一客观存在，但口中、笔下却谁也不敢提。一直到了清末民初，旧书店的商人才公然堂皇地把禁书字样标在书目上，同时售价也就相应飞快地提高，终于在有些图书馆的目录上也逐渐露面，作为审定“善本”的一种根据了。

为了习惯与方便，这里谈到禁书，也姑且以此为限断。

“禁书”虽然已经成为宝贝，但我居然也先后得到过若干种。这就使我悟出，禁书者，不论是有着无上威权的封建统治头子还是别的什么聪明人，也不论他们用尽了怎样的心机，到头来也终于是无效的。书是禁不绝的，因为有无数正直、公平的读者的保护。

唐末的词人韦庄，写过一篇著名的长诗《秦妇吟》，诗中涉及黄巢起义军攻入长安时的一些情况，有“内库烧为锦绣灰，天街踏尽公卿骨”这样的句子。韦庄自己后来觉得不大好，“公卿”们看了自然不舒服，新朝的头目也不会喜欢的，因此就自行“抽毁”，从《浣花集》中删去，还给家属留下了禁令。这以后一千多年中人们都无法看到这篇著名的作品。不料终于从敦煌的石洞里发现了那抄本，而且有三卷之多。韦庄用心良苦的安排终于还是无效。那原因就是很有一些读者喜欢它，作品还是被传抄、保存下来了。

韦庄后来虽然贵为蜀相，他到底只是一个臣，与能动用国家机器，在全国范围内搜查禁毁的皇帝是不能相比的。不过皇帝又怎样呢？事实证明，成绩也并不理想。不过两百年，清代禁毁的一些作品，也还是陆续出现了，并没有禁得一干二净。那原因也并不两样，也是得到了人民保护的结果。

近三十年前，我看到过从浙江绍兴梅市流出的一些山阴祁氏澹生堂的藏书。这是一批由祁氏子孙深藏密锁了三百多年的先世著述。大半是抄本与稿本。其中绝大部分是符合禁毁的条件的。经过清初的残酷镇压，祁氏遭到了家破人亡的惨祸，但还是冒着杀头、灭族的风险保存下了这些著作。事实本身就是极为悲壮的。

这批书中有一部祁承㸁的《澹生堂集》，是崇祯刻本，在禁书目中是有著录的。仔细一看，凡是集中“奴”、“虏”、“酋”等字，都已用浓墨仔细地涂去了。同时我还看到一部清初抄本的《澹生堂诗文钞》，是祁氏子孙选抄待刻的稿本。原书中那些涂掉的地方，都经过细密的修改。这些工作，想来都是在“雪夜闭门”的情况下进行的吧？

后来在苏州又得到过一部刻于崇祯甲申（也就是典型的弘光刻本）的钱栴撰《城守筹略》，则是南明政府官员为了抵御“北虏”南下而提出的作战方略。奇怪的是这样的书，禁书目中也并未收入。可见清初统治者花了如许气力搜索、审查，工作也还是粗疏得很。原书卷一第一页的书名和作者名字都被什么人撕去了，撕得很马虎，卷一以下都还好好地保留着书名和撰人。这就不能不使人揣测，藏书者要应付即将到来的大搜查，他所藏的这种违碍书又很多，在惶急中只能这样马虎地处理一下的吧？那时代可能就在钱栴被捕杀头的前后。

我还有一部清初刻的《新乐府》，是吴炎、潘柽樟（潘耒的哥哥）的作品。这两位都是在庄史之狱中被杀头的。书前的作者姓氏也同样被撕去了。这样的残迹，好像意在提醒后来的读者，书册曾经历过怎样的命运，才终于保存下来，好像直到今天也还能隐隐嗅到血腥气，以文献论，是非常可贵的。

提到庄氏史狱，就不能不联想到偶然得到的一册稿本，《私史纪事》（这是经过修改的，那原题是《史祸纪事本末》)。这可是一册很有价值的稿本。作者是范骧子范韩,与陆丽京等三人都受到“庄史”的牵连。他们大概都曾为此书写过序或曾列名参校。案发以后一起被逮,被押解到北京刑部听审,后来总算放还了。这书详细回忆记录了起解途中,下狱审讯……以及如何打点营救,被释还家的全过程。浙江离开北京有一千多里,天气又是严冬,范骧等都是六七十岁的老人,他们的身份是逆案的“钦犯”,在押解兵丁的驱赶下赶路,后来到了刑部狱中,前后半年光景,过的是怎样非人的生活,都有十分动人的描绘。不只是文字狱的珍贵史料,作为社会风俗史,这也是难得的原始纪录。尤其使我吃惊的是,这本回忆录记下了三位老人在遇祸以后,彼此间曾经发生过的一些猜疑和互相责难。在书册的上端,有陆丽京的后人属名“宗楷”的墨笔批注,都是驳斥范骧子而为丽京弟辩诬的。他们被释放归以后,不用说,家都已破了,陆丽京的结末是离家出走,不知所终。看来与这种纠葛是不无关系的。封建统治者的残酷迫害,在明遗民内部散布的矛盾……这一切都是不能不引起人们深深的思索的。

《读书堂诗集》,原刻的黑格纸,精抄,无疑是康熙中的清写稿本,不提撰人也没有分卷,后面还有许多空白页,可证尚未编定。这是钱塘汪无己的诗集,无意中得之市肆,也是一种当然必禁而不见于禁书目的异书。无已名日祺，后改名景祺，是钱塘汪东山（霦）的儿子。此集所收都是少年时的作品，后来他投入年（羹尧）幕，因《西征随笔》一书获罪，“律以大逆不道立决枭示”。《西征随笔》的原件后来在故宫里发现，曾经有过新印本。作者是有才华的，笔记中有些纪事的篇章，其实是很好的短篇小说，此外也有一些揭露官场丑行的纪事，我读过以后始终未能发现获得如此大罪的根由。其实汪景祺最大的过错是成为年羹尧的亲信。当时议政大臣所定年羹尧的“大逆罪”的第三条就是“汪景祺《西征随笔》，见者发指。羹尧亦云曾经看过，视为泛常，不行参奏”。后来查嗣庭文字狱发，雍正在“上谕”中还念念不忘于景祺，“去年正法之汪景祺，文稿中有‘历代年号论’，指‘正’字有‘一止’之象。”雍正作为一个“伟大”的“作家”，完全可以和他的继承人乾隆之为一个“伟大”的“诗人”媲美。他写起“上谕”来，往往下笔万言，反复声说，终于使臣民陷入五里雾中不得不承认皇帝的“权威”而后已。他运用种种奇怪的逻辑，惊人的捏造，将他所选中的对象一个个罗织入文网之中，又一个个杀掉，还要罪及妻孥亲属朋友和简直毫不相干的人。雍正是清代文字狱事业的奠基者，他提供了整套的纲领、理论和实践范例。可惜他的统治只延续了十三年，剩下的工作不得不由乾隆来最后完成。

据《永宪录》记，汪景祺“伏诛”以后，妻子照例要“发黑龙江披甲人为奴”。“景祺之妻，巨室女也。遣发时，家人设危跳，欲其清波自尽，乃盘蹸匍匐而渡。见者伤之。”简单的几句话，写尽了一场阴森的闹剧的阴冷凄凉的结末。

汪景祺的《读书堂诗集》不过是少作，并无可观，全书充斥着封建文士无聊生活的描绘，但书前却有七八通诗序，作者都是当时的名家。除了朱彝尊、韩菼，现在已经记不起还有谁了。我曾经查过这些作者的文集，发现没有一篇序是保留下来的。这是难怪的。朱竹垞的《曝书亭集》卷二十，还保留了与景祺在西湖“夜泛”的五首诗。这是因为朱集刊成在景祺获罪之先。但后印的本子，“日祺”两字就已经削去了。出于同样的原因，朱集卷二十三“喜春宫再建”诗，在康熙五十一年再废太子以后，重印时也削去了。一个作者的文集，由于政治情况的变化，不同时期的印本就会有不同的面貌。这就是藏书家重视初印本的理由之一，也是判断重印时期的重要根据，也算是版本目录之学的一点小小的知识。

上面随意想到的几个例子，几乎无一不是清初文网的漏网之鱼，这就说明，尽管皇帝雷厉风行，作为头等政治任务来抓，效果还是很不理想的。当时各省的封疆大吏和中枢的文化官员实在值得同情，他们担着身家性命的干系，一字字地读着汗牛充栋的书本，又实在捉摸不透皇帝老倌的定案标准，他们的为难是可以想见的。手边有四册《无闷堂集》，闽张远超然撰，康熙刻本。四库未收、禁书目也没有著录，照我看也是一条漏网之鱼。只要看卷中有许多地方都开了天窗，就可以知道了。文集卷七有一篇《徐烈妇小传》，照例这样题目的文章我是不大看的，但因为篇中挖去了将近一行而引起好奇，终于发现这实在是一篇很有意义的文字。传末“野史氏曰”以下的一节是：

“甲寅之变，生灵涂炭。身污名辱，终于不免者，不独女子也。女子为尤惨。楚蜀两粤，不可胜数。以予所目击耳闻者，独浙闽江右。其死于锋镝、盗贼、饥饿、损伤、老弱废疾者不具论。其姿容少好，骡车马背辇之而北者，亦不具论。惟其弃载而鬻之者，维扬、金陵，市肆填塞。（以下挖去十五字）累累若若，若羊豕然，不可数计。市之者值不过数金，丑好老少，从暗中摸索。”

甲寅是康熙十三年（1674）。这里所说的是三藩之变，干出种种惨绝人寰的兽行的正是平定三藩的清军。其在浙闽江右一带作战的则是讨伐耿精忠的部队。扬州、南京的人肉市场，竟与奴隶社会无异。不见旧记，是无从想象的。那挖去的几句也不知道说的究竟是怎样的事物。但仅此一节，难道就不该劈板禁毁、追究作者吗？可惜的是乾隆一伙竟自轻轻地放过了。

乾隆肚皮里的标准，捉摸起来是困难的，但只要翻翻“文字狱档”，就可以约略知道那大概。不是连测字先生的方法都已采用了吗？又还有什么标准可言？其实这也正是一种标准。运用之妙，也未必全出自“圣心独断”，大小臣工的努力也是万万不可忽视的。

皇帝也自有他的聪明，早已发现这样蛮干下去不是事了，必须转变作风，采取新的积极措施。这就是《四库全书》产生的背景。聚集群书，暗暗改削，写成“正本”，颁示天下。既得“稽古右文”之美名，又收统一思想之实效。确是一条好计。但这也并非乾隆自己的发明创造，列祖列宗早已有见及此并付之实施了。入关以后首先为崇祯帝治丧；康熙下江南专程去孝陵致祭，他写的“治隆唐宋”的“御碑”，至今天也还完好无恙。已死的明臣给以美谥，尚存的就用“博学鸿词”的办法招徕。这原是一整套政策的两个侧面。不懂这一手，是不能理解禁书的全部奥妙的。

禁书是一种历史现象，非常丑恶的历史现象。人类社会本来是没有这种事物的，但后来出现了，在某些时候还颇行时。我相信，它终究是要消灭的。前些时曾经就此进行过一些讨论。我自己是赞成读书无禁区的主张的。当然，一时实行起来并不那么容易。只要具有健康、正常的头脑的人，我想都应该赞成并努力创造条件把禁区彻底打破，并最终消灭这一丑恶历史痕迹的吧。那种一听见要取消禁区就不舒服，唯恐这种宝贝事物断种、失传的精神状态是奇怪的，不正常的。

“神农”尝百草，在他心目中本来就没有禁区。后来发现了毒药，他也只是向人们提出警告，同时写入本草，研究利用。他设了“禁区”然后又用科学的方法打开了“禁区”。假使一开始“神农”就是满眼“毒草”，不敢触动，科学的本草学、药物学是不可能出现的。

三十多年以前，在中国的许多地方，马列主义曾是“禁区”里的“禁书”。多少人如饥似渴地“雪夜闭门”读之，后来终于诞生了新中国。“禁”的后果往往却是相反的宣传，这是反动派所始料不及的。这些事过去了还不算太久，大概我们多少总还有些印象吧。

一九七九年十一月二十八日

后记

历史上以文字杀人较早的一例，一般都认为应数杨恽之狱。杨恽是司马迁的外孙，家世贵盛，汉宣帝时曾做过不小的官，后因事为人举发，免为庶人。但他不肯闭门思过，装出可怜的样子，反而大置产业，交结宾客，“以财自娱”。这就引来了友人西河太守孙会宗的劝诫。杨恽在答书中说明了自己的态度，进行了辩解。文章写得实在很好，后被收入《文选》中。书中说到家居生活，有下面一段话：

“臣之得罪，已三年矣。田家作苦，岁时伏腊，烹羊炮羔，斗酒自劳。家本秦也，能为秦声；妇赵女也，雅善鼓琴。奴婢歌者数人。酒后耳热，仰天抚缶，而呼呜呜。其诗曰，‘田彼南山，芜秽不治，种一顷豆，落而为萁。’人生行乐耳，须富贵何时。是日也，拂衣而喜，奋袖低昂。顿足起舞。诚淫荒无度，不知其不可也。”

他虽然口中说这种生活态度是“不可”的，但又事先声明，“人情所不能止者，圣人弗禁”。不料竟因此而惹来了皇帝的不快，被装上了大逆不道的罪名腰斩了。这实在是一桩大冤案，如果没有特别的眼光，是不可能发现书中的“大逆”气味的。张晏为汉书作注，对此曾有所分析：

“山高在阳，人君之象也；芜秽不治，朝廷荒乱也。一顷百亩，以喻百官也；言豆者真直之物，零落在野，喻己见放弃也。萁曲而不直，言朝臣皆谄谀也。”

张晏的话不知有无定罪案卷的根据，更可能是他自己的发明。这种锻炼方法，简直与猜谜测字没有分别，这就为后来的诗狱开了一个先例，一下子使我们想起宋代苏轼的乌台诗案来。时间虽然经过了一千年，手法却还是那一套，别无任何改进提高。如舒所上札子攻击苏轼时就说：

“盖陛下发钱以本业平民，则曰‘赢得儿童语音好，一年强半在城中’；陛下明法以课试群吏，则曰‘读书万卷不读律，致君尧舜知无求’；陛下兴水利，则曰‘东海若知明主意，应教斥卤变桑田’；陛下谨盐禁，则曰‘岂是闻韶解忘味，尔来三月食无盐’。其他触物即事，应口所言，无不以讥谤为主。”

在严酷诛求之下，苏轼不得不交代所作诗文篇目及往来投赠友人的名单，并说，“其余委是忘记。轼有此罪愆，甘伏朝典。”这是九百年前的认罪书样本，读来十分面善，正如不久前曾风行一时的一种文体，用“罪该万死”作结的一种“交代八股”。那结果必然如苏轼“赠孙莘老”诗所说：

“嗟予与子久离群，耳冷心灰百不闻。若对青山谈世事，当须举白便浮君。”

苏轼后来交代创作意图说：“是时约孙觉并坐客，如有言及时事者，罚一大盏。虽不指言时事是非，轼意言时事多不便，更不可说也，说亦不尽也。”

鸦雀无声的局面就是这样形成的。文字狱的效果也在这里表现出来了。

上面所举的两例，加上嵇康的因“非汤武而薄周孔”被杀一案都是带有政治性的文字狱，和后来一些因笑骂了皇帝本人而被迫害的不同。暴君总是怀疑人们说他的怪话、坏话，如传说中明太祖朱元璋忌讳人家说和尚说光头，曾因此而杀人。又因监察御史张尚礼作“宫怨”诗，有“梦中正得君王宠，却被黄鹂叫一声”之句，认为“能摹写宫阃心事”，命下蚕室死。明初的高启据说也是因为一首“宫女图”诗而被腰斩的。这些都属于“诽谤”罪，与政治思想并无关系，虽然在定罪时往往要拉扯一些“大不敬”“大逆不道”的词句装点门面，但人们都明白，这些人死得是冤枉的。这情形一直到清初的文字狱还是如此。为了改变这种缺乏说服力的不利状况，感到孤独而心虚的统治者就要千方百计制造舆论，以传统的礼教为依据，把种种罪名都拉扯到“离经叛道”上来，用以激起更多人的愤慨，煽起众怒，这样站在统治者身旁的人数就将大大增加，而暴行也就理所当然地化为“正义行动”。“举国共诛，人人共讨”的声势因而形成。清朝皇帝中想出了这方法而执行得最起劲的是雍正，乾隆也并不弱。虽然实际效果并不理想，因为中国民族的思想中间缺少宗教迷信狂热，对皇帝的权威也并不热心，一般只是采取“敬鬼神而远之”的态度。对《大义觉迷录》这样的宣传品兴趣也并不高。像欧洲神圣裁判那样的恶浪还是没有卷起，不能不说是一种失败。

但是清代的文字狱论其规模之大与持续之久都是空前的。手段之毒辣、诛杀之凶残更是远远超出了前代。鲁迅先生曾经推荐过《清代文字狱档》，还提出了几种清代的政书，如《东华录》《御批通鉴辑览》《上谕八旗》《雍正朱批谕旨》，认为“倘有有心人加以收集，一一钩稽，将其中的关于驾驭汉人，批评文化，利用文艺之处，分别排比，辑成一书，我想，我们不但可以看见那策略的博大和恶辣，并且还能够明白我们怎样受异族主子的驯扰，以及遗留至今的奴性的由来的罢”。

得读先生的这些教诲已经五十多年，对先生所提出的任务却从来没有想到过去实施，因为这实在太艰巨了，不是个人的力量所能及。但在平日读书时也时常记起，遇见有关文字狱的文献，也较为留心。随时记下一些零感，就是这里的一束笔记。虽然杂乱无章缺乏系统，但从中也能多少看出一些严重的事实。即如先生提到的“奴性的由来”一节，就是值得深刻省察的宿病根。几千年来人们的信条是，只有孔子之是非而没有我之是非，这就在思想上受了阉割，从而丧失了独立思考的习惯与能力。只要听见一声吆喝，就会如中风魔，不顾一切地冲上前去。其后果之严重是可想而知的。这个，我们是已经有过惨痛的经验了，那就是二十年前发生的全国大动乱。那是从批判《海瑞罢官》开始的，试拿来和清朝的文字狱比较一下，其荒谬与离奇又哪里是雍正和乾隆想象得到的。头脑清醒站出来抗议的人也不是没有，但都被立即打翻在地不许做声。于是一场昏天黑地的大动乱开始了，同时又出现了无数形形色色的文字狱，其内容之丰富离奇，受害者命运之悲惨，也绝非几卷“文字狱档”所能相提并论。但寻踪觅迹，却都能从往事中发现它的踪迹，难道真的是历史循环，轮回不爽吗？恐怕还是没有找到病根、汲取教训。这本小册子如能提醒人们多少记起往事，并从中得到启示，引起思索，有助于挖掉痼疾的根源，那就是值得高兴与庆幸的了。

一九八六年十二月二十二日

国家新闻出版广电总局
首届向全国推荐中华优秀传统文化普及图书

‖大家小书书目

经典常谈	朱自清　著
语言与文化	罗常培　著
习坎庸言校正	罗　庸　著　杜志勇　校注
鸭池十讲（增订本）	罗　庸　著　杜志勇　编订
古代汉语常识	王　力　著
国学概论新编	谭正璧　编著
文言尺牍入门	谭正璧　著
日用交谊尺牍	谭正璧　著
敦煌学概论	姜亮夫　著
训诂简论	陆宗达　著
金石丛话	施蛰存　著
常识	周有光　著　叶　芳　编
文言津逮	张中行　著
中国字典史略	刘叶秋　著

古典目录学浅说	来新夏　著
闲谈写对联	白化文　著
怎样使用标点符号（增订本）	苏培成　著

诗境浅说	俞陛云　著
唐五代词境浅说	俞陛云　著
北宋词境浅说	俞陛云　著
南宋词境浅说	俞陛云　著
人间词话新注	王国维　著　滕咸惠　校注
苏辛词说	顾　随　著　陈　均　校
诗论	朱光潜　著
唐诗杂论	闻一多　著
诗词格律概要	王　力　著
唐宋词欣赏	夏承焘　著
槐屋古诗说	俞平伯　著
词学十讲	龙榆生　著
词曲概论	龙榆生　著
中国古典诗歌讲稿	浦江清　著 浦汉明　彭书麟　整理

唐人绝句启蒙	李霁野　著
唐宋词启蒙	李霁野　著
古典文学略述	王季思　著　王兆凯　编
古典戏曲略说	王季思　著　王兆凯　编
唐宋词概说	吴世昌　著
宋词赏析	沈祖棻　著
道教徒的诗人李白及其痛苦	李长之　著
闲坐说诗经	金性尧　著
陶渊明批评	萧望卿　著
舒芜说诗	舒　芜　著
名篇词例选说	叶嘉莹　著
唐诗纵横谈	周勋初　著
楚辞讲座	汤炳正　著 汤序波　汤文瑞　整理
好诗不厌百回读	袁行霈　著
山水有清音 ——古代山水田园诗鉴要	葛晓音　著

门外文谈	鲁　迅　著
我的杂学	周作人　著　张丽华　编
论雅俗共赏	朱自清　著
文学概论讲义	老　舍　著
中国文学史导论	罗　庸　著　杜志勇　辑校
给少男少女	李霁野　著
鲁迅批判	李长之　著
英美现代诗谈	王佐良　著　董伯韬　编
三国谈心录	金性尧　著
夜阑话韩柳	金性尧　著
英语学习	李赋宁　著
漫谈西方文学	李赋宁　著
历代笔记概述	刘叶秋　著
笔祸史谈丛	黄　裳　著
古典诗文述略	吴小如　著
有琴一张	资中筠　著
鲁迅作品细读	钱理群　著
唐宋八大家——古代散文的典范	葛晓音　选译

红楼梦考证	胡　适　著	
《水浒传》与中国社会	萨孟武　著	
《西游记》与中国古代政治	萨孟武　著	
《红楼梦》与中国旧家庭	萨孟武　著	
《金瓶梅》人物	孟　超　著	张光宇　绘
水泊梁山英雄谱	孟　超　著	张光宇　绘
《红楼梦》探源	吴世昌　著	
《西游记》漫话	林　庚　著	
细说红楼	周绍良　著	
红楼小讲	周汝昌　著	周伦玲　整理
曹雪芹的故事	周汝昌　著	周伦玲　整理
古典小说漫稿	吴小如　著	
三生石上旧精魂 ——中国古代小说与宗教	白化文　著	
《金瓶梅》十二讲	宁宗一　著	
古体小说论要	程毅中　著	
近体小说论要	程毅中　著	
文学的阅读	洪子诚　著	
中国戏曲	么书仪　著	

中国史学入门	顾颉刚　著　何启君　整理
秦汉的方士与儒生	顾颉刚　著
三国史话	吕思勉　著
史学要论	李大钊　著
中国近代史	蒋廷黻　著
民族与古代中国史	傅斯年　著
五谷史话	万国鼎　著　徐定懿　编
民族文话	郑振铎　著
史料与史学	翦伯赞　著
唐代社会概略	黄现璠　著
清史简述	郑天挺　著
两汉社会生活概述	谢国桢　著
中国文化与中国的兵	雷海宗　著
两宋史纲	张荫麟　著
明史简述	吴　晗　著
北宋政治改革家王安石	邓广铭　著
从紫禁城到故宫——营建、艺术、史事	单士元　著
史学遗产六讲	白寿彝　著

司马迁之人格与风格	李长之　著
司马迁	季镇淮　著
唐王朝的崛起与兴盛	汪　篯　著
二千年间	胡　绳　著
论三国人物	方诗铭　著
考古发现与中西文化交流	宿　白　著
中国古代国家的历史特征	张传玺　著
艺术、神话与祭祀	张光直　著 刘　静　乌鲁木加甫　译
中国古代衣食住行	许嘉璐　著
中国古代史学十讲	瞿林东　著
黄宾虹论画	黄宾虹　著
中国绘画史	陈师曾　著
和青年朋友谈书法	沈尹默　著
中国画法研究	吕凤子　著
桥梁史话	茅以升　著
中国戏剧史讲座	周贻白　著
俞平伯说昆曲	俞平伯　著　陈　均　编

新建筑与流派	童　寯　著
论园	童　寯　著
拙匠随笔	梁思成　著　林　洙　编
中国建筑艺术	梁思成　著　林　洙　编
沈从文讲文物	沈从文　著　王　风　编
中国画的艺术	徐悲鸿　著　马小起　编
中国绘画史纲	傅抱石　著
中国舞蹈史话	常任侠　著
海上丝路与文化交流	常任侠　著
世界美术名作二十讲	傅　雷　著
中国画论体系及其批评	李长之　著
金石书画漫谈	启　功　著　赵仁珪　编
吞山怀谷 ——中国山水园林的艺术	汪菊渊　著
中国古代音乐与舞蹈	阴法鲁　著　刘玉才　编
梓翁说园	陈从周　著
旧戏新谈	黄　裳　著
民间年画十五讲	王树村　著　姜彦文　编
民间美术与民俗	王树村　著　姜彦文　编

长城史话	罗哲文　著
中国古园林概说	罗哲文　著
现代建筑奠基人	罗小未　著
世界桥梁趣谈	唐寰澄　著
如何欣赏一座桥	唐寰澄　著
桥梁的故事	唐寰澄　著
园林的意境	周维权　著
万方安和 ——皇家园林的故事	周维权　著
现代建筑的故事	吴焕加　著
中国古代建筑概说	傅熹年　著
国学救亡讲演录	章太炎　著　蒙　木　编
简易哲学纲要	蔡元培　著
大学教育	蔡元培　著 北大元培学院　编
老子、孔子、墨子及其学派	梁启超　著
中国政治思想史	吕思勉　著
天道与人文	竺可桢　著　施爱东　编

春秋战国思想史话	嵇文甫　著
晚明思想史论	嵇文甫　著
新人生论	冯友兰　著
中国哲学与未来世界哲学	冯友兰　著
谈美书简	朱光潜　著
中国古代心理学思想	潘　菽　著
民俗与迷信	江绍原　著　陈泳超　整理
佛教基本知识	周叔迦　著
儒学述要	罗　庸　著　杜志勇　整理
希腊漫话	罗念生　著
佛教常识答问	赵朴初　著
大一统与儒家思想	杨向奎　著
孔子的故事	李长之　著
西洋哲学史	李长之　著
乡土中国	费孝通　著
社会调查自白	费孝通　著
经学常谈	屈守元　著
墨子与墨家	任继愈　著
汉化佛教与佛寺	白化文　著
中西之交	陈乐民　著

出版说明

“大家小书”多是一代大家的经典著作，在还属于手抄的著述年代里，每个字都是经过作者精琢细磨之后所拣选的。为尊重作者写作习惯和遣词风格、尊重语言文字自身发展流变的规律，为读者提供一个可靠的版本，“大家小书”对于已经经典化的作品不进行现代汉语的规范化处理。

提请读者特别注意。

北京出版社